Rey
Methoden der Entwicklungspsychologie

Günter Daniel Rey

Methoden der Entwicklungspsychologie

Datenerhebung und Datenauswertung

3., überarbeitete Auflage

© 2020 Günter Daniel Rey
Herstellung und Verlag: BoD – Books on Demand, Norderstedt
Umschlag: Tobias Kaminski und Nico Münch
Titelillustrationen:
© Claudia Paulussen / Fotolia.com
© JiSIGN / Fotolia.com
Druckvorstufe: Günter Daniel Rey

ISBN 978-3-751-99450-7

Bibliografische Information der Deutschen Nationalbibliothek
Die Deutsche Nationalbibliothek verzeichnet diese Publikation in der Deutschen Nationalbibliografie;
detaillierte bibliografische Daten sind im Internet über http://dnb.d-nb.de abrufbar.

Inhaltsverzeichnis

Vorwort zur dritten Auflage

Für die dritte Auflage des Lehrbuches zur Einführung in die Methoden der Entwicklungspsychologie habe ich die Fehlerhinweise von Leserinnen und Lesern berücksichtigt. Darüber hinaus habe ich das Literaturverzeichnis vollständig überarbeitet und aktualisiert. Wie in den beiden vorherigen Auflagen stehen die Datenerhebung und Datenauswertung im Kontext entwicklungspsychologischer Studien weiterhin im Mittelpunkt. Sogenannte Testgütekriterien (Kriterien zur Beurteilung der Qualität der Datenerhebung) werden ebenso erörtert wie Quer- und Längsschnittstudien als entwicklungspsychologische Untersuchungsdesigns. Ein separates Kapitel befasst sich mit der Berechnung von Stichprobenumfängen entwicklungspsychologischer Untersuchungen.

Ich würde mich freuen, wenn auch die dritte Auflage des Lehrbuches dazu beiträgt, Lernenden den Einstieg in die verschiedenen entwicklungspsychologischen Forschungsmethoden zu erleichtern. Ergänzend darf ich auf die Webseite

www.methoden-psychologie.de

verweisen, welche die Inhalte dieses Lehrbuches in multimedial aufbereiteter Weise bereitstellt.

Ich wünsche beim Lesen der dritten Auflage des Lehrbuches erkenntnisreiche Einsichten.

Aschaffenburg, im Sommer 2020   Günter Daniel Rey

Vorwort zur zweiten Auflage

Fünf Jahre nach Erscheinen des Lehrbuches zur Einführung in die Methoden der Entwicklungspsychologie war es an der Zeit für eine Überarbeitung und Aktualisierung. Dabei wurden die Fehlerhinweise von Leserinnen und Lesern zur ersten Auflage berücksichtigt. Besonders möchte ich mich an dieser Stelle bei Stefanie Dlouhy bedanken, die das gesamte Lehrbuch noch einmal gründlich auf Rechtschreib- und Zeichensetzungsfehler überprüft hat.

Auch in der zweiten Auflage stehen die Datenerhebung und Datenauswertung im Kontext entwicklungspsychologischer Studien im Mittelpunkt. Hierzu werden Kriterien zur Beurteilung der Qualität der Datenerhebung (sogenannte Testgütekriterien) erörtert ebenso wie entwicklungspsychologische Untersuchungsdesigns wie etwa Quer- und Längsschnittstudien. Ein eigenes Kapitel widmet sich der Berechnung von Stichprobenumfängen für entwicklungspsychologische Untersuchungen.

Ich hoffe sehr, dass das Lehrbuch weiterhin dazu beiträgt, Studierenden den Einstieg in die verschiedenen entwicklungspsychologischen Forschungsmethoden zu erleichtern. Erneut darf ich auf die Webseite

www.methoden-psychologie.de

verweisen, welche die Inhalte dieses Lehrbuches multimedial aufbereitet enthält.

Ich wünsche Ihnen mit der zweiten Auflage dieses Lehrbuches viel Spaß und Erfolg beim Lesen.

Aschaffenburg, im Herbst 2017   Günter Daniel Rey

Vorwort zur ersten Auflage

Das vorliegende Lehrbuch bietet eine Einführung in die Methoden der Entwicklungspsychologie. Es spricht Studierende an, die sich eingehender mit entwicklungspsychologischen Forschungsmethoden beschäftigen wollen.

Die Inhalte des Lehrbuches basieren auf einem Skript, welches im Rahmen meiner gehaltenen Seminare zu den Methoden der Entwicklungspsychologie an der Universität Würzburg entstanden ist. Dieses Skript wurde vom Sommersemester 2009 bis zum Wintersemester 2011/2012 erstellt. Der von mir verfasste Text wurde durch die Seminarteilnehmer kontinuierlich auf seine Verständlichkeit geprüft und gründlich Korrektur gelesen. Außerdem lieferten die Studierenden wertvolle Anregungen zur Verbesserung des Skriptes. Inhaltlich widmet sich das Lehrbuch der Datenerhebung und Datenauswertung im Kontext entwicklungspsychologischer Studien. Sogenannte Testgütekriterien, die zur Beurteilung der Qualität der Datenerhebung dienen, werden dabei erörtert. Außerdem befasst sich das Lehrbuch mit der Auswahl geeigneter Untersuchungsdesigns wie etwa Quer- und Längsschnittstudien sowie mit der Berechnung des erforderlichen Stichprobenumfanges entwicklungspsychologischer Untersuchungen.

Aus Gründen der leichteren Lesbarkeit wird in diesem Buch durchgängig die männliche Form verwendet. Es sind jedoch stets Frauen und Männer gemeint! Außerdem wurde zur besseren Lesbarkeit auf umfangreiche Zitationen verzichtet. Stattdessen beschränkt sich dieses Lehrbuch auf ausgewählte Quellenangaben und bezieht sich oft auf Übersichtsarbeiten.

Für die umfangreichen Fehlerkorrekturen an diesem Buch möchte ich mich in alphabetischer Reihenfolge besonders bei Jan Altevogt, Lisa Andreas, Franziska Both, Franziska Dölling, Annkathrin Döpfner, Nicole Dorner, Martin Dowling, Agnes Ehret, Charlotte Findeis, Inga Fölster, Regina Frank, Sebastian Grah, Bianca Gripp, Felix Haberscheidt, Johanna Hamprecht, Juliane Hauf, Alina Herchenröder, Verena Jung, Tobias Kaminski, Laurenz Klause, Thomas Klingenberger, Jonas Kneer, Elisa Köhler, Lars König, Carmen Lai, Jan Lenhart, Martina Loy, Jan Meier, Ewelina Miczka, Melanie Mörken, Johanna Müller, Christoph Otto, Yana Petrosyan, Alissa Preisner, Jochen Reidenbach, Lea Rohm, Johanna Rohr, Dr. Rainer Scheuchenpflug, Pia Schewina, Kevin Schmalz, Tobias Schmitt, Daniel Schöttl, Anna-Lena Schubert, Julian Schwan, Sabine Sieber, Natalie Silex, PD. Dr. Eva Stumpf, Enrico Tessmer, Johanna Tikkanen, Katharina Trautmann, Gloria Wallmeier, Julia Wander, Sebastian Will und Anna-Lena Wissel ganz herzlich bedanken.

Auch allen anderen Studierenden, die in meinen Seminaren mit ihren Fragen und Diskussionsbeiträgen geholfen haben, die Vermittlung des komplexen Themengebietes zu optimieren, sei vielmals gedankt. Ebenfalls bedanken möchte ich mich beim Lehrstuhl für Entwicklungspsychologie und Pädagogische Psychologie an der Universität Würzburg unter Leitung von Prof. Dr. Gerhild Nieding und Prof. Dr. Wolfgang Schneider. Dort hatte ich die Gelegenheit, zahlreiche Lehrveranstaltungen zur Entwicklungspsychologie zu halten und mich mit den Kolleginnen und Kollegen über diese und andere Inhalte auszutauschen.

Trotz intensiver Korrekturarbeiten ist es wahrscheinlich, dass das Buch nicht frei von Fehlern ist. Hinweise zu diesen sowie sonstige Verbesserungsvorschläge nehme ich gerne und dankbar per E-Mail (GuenterDanielRey@web.de) entgegen. Gleiches gilt für Fragen rund um das Thema Methoden der Entwicklungspsychologie. Darüber hinaus darf ich auf die Webseite

www.methoden-psychologie.de

verweisen, welche die Inhalte des Lehrbuches multimedial aufbereitet enthält. Hier gilt mein ganz besonderer Dank Nicole Dorner, Tobias Kaminski und Tobias Schmitt, die den illustrierten Lerntext auf die Webseite übertragen, umformatiert und um Videos und Lernfragen ergänzt haben.

Ich wünsche Ihnen viel Spaß und Erfolg beim Lesen dieses Buches.

Aschaffenburg, im Sommer 2012   Günter Daniel Rey

1 Einleitung

1.1 Übersicht und Lernziele

Das erste Kapitel definiert zunächst ausgewählte Begriffe, die für das vorliegende Lehrbuch grundlegend sind. Im Anschluss erfolgt ein Überblick über die nachfolgenden Kapitel des Buches. Diese beschäftigen sich mit der Datenerhebung, Testgütekriterien, Untersuchungsplänen, Datenauswertung sowie der Stichprobenumfangsplanung.

Folgende Lernziele sind Bestandteil der nachfolgenden Kapitel:

- Welche Formen der Datenerhebung können voneinander unterschieden werden und welche Stärken und Schwächen weisen die einzelnen Verfahren auf?

- Was versteht man unter den Hauptgütekriterien Objektivität, Reliabilität und Validität und welche Nebengütekriterien kann man unterscheiden?

- Wodurch sind verschiedene Untersuchungspläne gekennzeichnet und welche Vor- und Nachteile besitzen diese?

- Welche Schritte sind bei der Datenauswertung zu beachten?

- Welche Kenngrößen beeinflussen den erforderlichen Stichprobenumfang einer Untersuchung?

1.2 Definitionen

Zunächst sollen die Begriffe Psychologie, Entwicklungspsychologie und Methoden der (Entwicklungs-)Psychologie definiert werden.

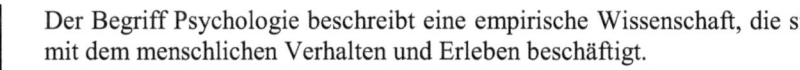 Der Begriff Psychologie beschreibt eine empirische Wissenschaft, die sich mit dem menschlichen Verhalten und Erleben beschäftigt. — Definition

Es gibt dabei unterschiedliche Auffassungen, was unter empirischer Wissenschaft zu verstehen ist. Nachfolgend soll unter empirischer Wissenschaft die Suche nach Mustern in unserer Umwelt verstanden werden, bei der Informationen (Daten) aus der Umwelt erhoben und im Anschluss ausgewertet werden. Die Datenerhebung erfolgt dabei geplant und die dort eingesetzten Methoden genügen – ebenso wie die Methoden zur Datenauswertung – zuvor aufgestellten Kriterien. Diese Kriterien sind nicht universell gültig, sondern verändern sich im — Empirische Wissenschaft

Laufe der Zeit (z.B. Hoppe-Graff, 1998). Die derzeit herangezogenen Kriterien in der Entwicklungspsychologie werden in den nachfolgenden Kapiteln erörtert.

Menschen und Tiere

Wenn man Psychologie – wie in der obigen Definition – auf den Menschen beschränkt, so schließt das keineswegs Forschung an Tieren aus (z.B. Zimbardo & Gerrig, 2004). Hierdurch können etwa Gemeinsamkeiten und Unterschiede zwischen menschlichem und tierischem Verhalten und Erleben untersucht werden.

Verhalten und Erleben

Verhalten ist dabei ein umfassender Begriff, der beispielsweise einfache Reaktionen auf dargebotene Reize, aber auch komplexe Handlungen beinhaltet. Erleben bezieht sich auf Gefühle, Stimmungen und Gedanken, die zunächst nur der Person zugänglich sind, die diese erlebt. Gelegentlich wird Psychologie auch nur über das Verhalten definiert. In diesem Fall umfasst der Verhaltensbegriff auch das Erleben einer Person.

Ziele

Häufig werden verschiedene Ziele aufgeführt, die innerhalb der Psychologie verfolgt werden:

- **Beschreiben:** Zunächst sollen menschliches Verhalten und Erleben sowie deren Auftretensbedingungen möglichst präzise beschrieben werden.

- **Erklären:** Des Weiteren sollen das beschriebene menschliche Verhalten und Erleben auch erklärt werden. Dazu werden Erklärungsmodelle aufgestellt, die anhand von empirischen Daten überprüft, ggf. modifiziert oder wieder verworfen werden müssen.

- **Vorhersagen:** Auf Basis der aufgestellten Erklärungsmodelle können menschliches Verhalten und Erleben auch vorhergesagt werden. Die aufgestellten Prognosen sollen dabei möglichst genau ausfallen.

- **Verändern:** Ein weiteres Ziel ist die Modifikation menschlichen Verhaltens und Erlebens. Beispielsweise werden in der klinischen Psychologie bestimmte Verhaltensstörungen auf Grundlage von Erklärungsmodellen behandelt.

Ideal und Wirklichkeit

Idealerweise dienen diese Ziele dem Erkenntnisgewinn und der Verbesserung der menschlichen Lebensqualität. Sie können allerdings auch missbraucht werden, etwa bei der Manipulation und Kontrolle menschlichen Verhaltens und Erlebens in totalitären Regimen. Auch im universitären Umfeld stehen die Ziele Erkenntnisgewinn und Verbesserung der menschlichen Lebensqualität nicht immer an oberster Stelle. So könnte ein Studierender im Rahmen seiner Abschlussarbeit Fehler in der Untersuchung verschweigen, um seine gute Note nicht zu gefährden. Oder ein Wissenschaftler könnte seinem Modell widersprechende Befunde der Öffentlichkeit absichtlich vorenthalten (z.B. Martinson, Anderson, & de Vries, 2005).

Entwicklungs-psychologie

Die Entwicklungspsychologie kann sich mit sämtlichen Themengebieten der Psychologie beschäftigen. Sie konzentriert sich auf Gemeinsamkeiten und Unterschiede im Verhalten und Erleben in Abhängigkeit des Alters von Personen. Nach wie vor widmet sich die Entwicklungspsychologie dabei besonders der Entwicklung in den ersten Lebensjahren.

> Die Entwicklungspsychologie stellt ein Teilgebiet der Psychologie dar, das sich mit der Veränderung des menschlichen Verhaltens und Erlebens über die Lebensspanne hinweg beschäftigt.

Definition

Methoden der (Entwicklungs-)Psychologie dienen dabei der Erforschung des menschlichen Verhaltens und Erlebens. Grundsätzlich können sämtliche Methoden der Psychologie auch in der Entwicklungspsychologie eingesetzt werden (z.B. Trautner, 1997).

Methoden

> Als Methoden der Psychologie bezeichnet man die verschiedenen Vorgehensweisen zur Untersuchung menschlichen Verhaltens und Erlebens.

Definition

1.3   Überblick über die nachfolgenden Kapitel

Die Methoden der (Entwicklungs-)Psychologie kann man in die Bereiche Datenerhebung (Kapitel 2) und Datenauswertung (Kapitel 5) unterteilen. Zur Beurteilung der Qualität der Datenerhebung dienen verschiedene Testgütekriterien (Kapitel 3). Im Vorfeld einer Studie sollte neben der Auswahl eines geeigneten Untersuchungsdesigns (Kapitel 4) auch eine Berechnung des benötigten Stichprobenumfanges erfolgen (Kapitel 6). Abb. 1 veranschaulicht die nachfolgenden Kapitel im Zeitablauf einer Untersuchung.

Überblick

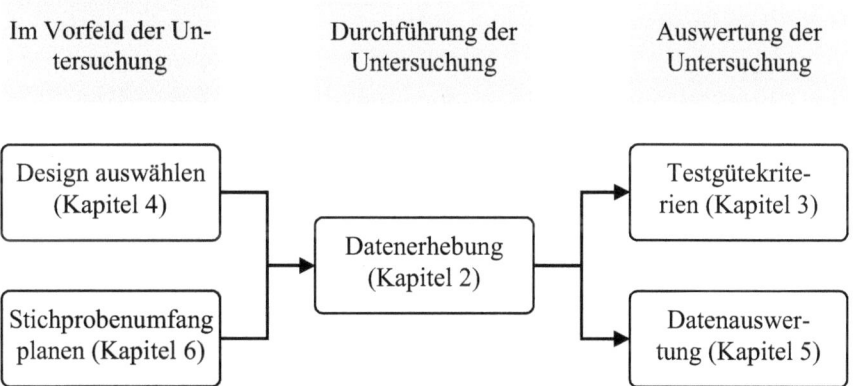

Abb. 1: Darstellung der einzelnen Kapitel im Zeitablauf einer Untersuchung.

Das zweite Kapitel beschäftigt sich mit den Methoden der Datenerhebung. Die dort vorgestellten Verfahren beantworten die Frage, *wie* die Datenerhebung erfolgen kann. Erörtert werden Beobachtungen, Befragungen, standardisierte Tests, Experimente, projektive Verfahren sowie – als Methode zur Datengenerierung – Computersimulationen. Vor- und Nachteile der einzelnen Verfahren werden dabei besprochen. Im dritten Kapitel werden die Testgütekriterien Objektivi-

Datenerhebung und Testgütekriterien

tät, Reliabilität und Validität sowie weitere Nebengütekriterien vorgestellt. Mit Hilfe dieser Gütekriterien lässt sich die Qualität der verschiedenen Datenerhebungsformen beurteilen.

Untersuchungs-
designs

Das vierte Kapitel erörtert, *wann, wie oft* und *mit welchen Altersgruppen* die Datenerhebung erfolgt. Diese Fragen beantwortet das Untersuchungsdesign (Versuchsplan). Das Kapitel geht dabei auf Querschnitts- und Längsschnittsdesigns sowie sequentielle Versuchspläne ein. Ebenfalls erörtert wird die Kontroverse zwischen Schaie und Baltes (1975). Beide Forscher haben sich mit den Vorzügen und Problemen einzelner Versuchspläne beschäftigt.

Stichproben-
umfangsplanung

Die Berechnung des Stichprobenumfanges im Vorfeld einer empirischen Studie und die damit verbundenen Vorteile sind Gegenstand des sechsten Kapitels. Zunächst erfolgt eine kritische Darstellung der gängigen Forschungspraxis, in der zumeist keine Stichprobenumfangsplanung im Vorfeld der Untersuchung stattfindet. Ausgewählte Kenngrößen zur Berechnung des Stichprobenumfanges und praktische Empfehlungen zur Planung einer Studie werden außerdem erörtert.

2 Datenerhebung

2.1 Übersicht und Lernziele

Nach einer allgemeinen Einleitung stellt das zweite Kapitel verschiedene Methoden der Datenerhebung vor, die nicht nur in der Entwicklungspsychologie anzutreffen sind. Hierzu zählen Beobachtungen, Befragungen, standardisierte Tests, Experimente, projektive Verfahren sowie – als Methode zur Datengenerierung – Computersimulationen. Zu jeder Methode werden zunächst eine Definition, allgemeine Hinweise zu dem Verfahren und ein ausgewähltes Beispiel vorgestellt. Hieran schließen sich Vor- und Nachteile der verschiedenen Datenerhebungsvarianten an.

Folgende Lernziele werden in diesem Kapitel verfolgt:

- Was versteht man unter einer Datenerhebung?
- Welche Formen der Datenerhebung können im Rahmen entwicklungspsychologischer Untersuchungen eingesetzt werden?
- Was versteht man unter neueren Varianten der Datenerhebung (bzw. Datengenerierung) wie etwa Eye-Tracking, Online-Befragungen oder Computersimulationen?
- Welche Vor- und Nachteile besitzen die einzelnen Datenerhebungsarten?

2.2 Einleitung

Eine Datenerhebung ist die Sammlung von Messungen. Unter einer Messung versteht man die homomorphe Abbildung eines empirischen in ein numerisches Relativ.

Definition

Messungen beziehen sich auf bestimmte Eigenschaften oder Merkmale von Objekten. Das Objekt an sich (z.B. ein Mensch als solcher) kann nicht gemessen werden. Stattdessen misst man bestimmte Eigenschaften eines Menschen wie seine Intelligenz, sein Alter oder seine Lesekompetenz.

Messungen von Objekteigenschaften oder -merkmalen

Ein empirisches Relativ stellt eine Menge von Objekteigenschaften bzw. Objektmerkmalen der „Realität" dar, wie zum Beispiel die tatsächliche Intelligenz einer Person. Ein numerisches Relativ beschreibt eine Zahlenmenge (z.B. 4, 3, 5.635).

Empirisches und numerisches Relativ

Homomorphe Abbildung	Eine homomorphe Abbildung stellt sicher, dass eine eindeutige Zuordnung von (den tatsächlichen) Eigenschaften des Objektes zu Zahlenwerten vorgenommen wird. Dabei wird jedem Element des empirischen Relativs genau eine Zahl im numerischen Relativ zugeordnet. Beispielsweise könnte man das Geschlecht der Versuchsteilnehmer erfassen und dabei jedem Mann den Zahlenwert 3 und jeder Frau den Zahlenwert 4.2 zuordnen. Auch jede andere Zuordnung ist möglich, bei der eine eindeutige Zuordnung des Geschlechts gewährleistet ist. Bei der homomorphen Abbildung kann eindeutig vom empirischen Relativ auf das numerische Relativ geschlossen werden, jedoch nicht umgekehrt. Zum Beispiel gibt der Zahlenwert 3 zwar an, dass es sich um eine männliche Versuchsperson handelt, nicht aber, welche Person genau gemeint ist.
Isomorphe Abbildung	Ist eine eindeutige Zuordnung eines empirischen und eines numerischen Relativs in beide Richtungen möglich (sozusagen eine ein-eindeutige Zuordnung), so spricht man von einer isomorphen Abbildung. Beispielsweise handelt es sich bei der Zuordnung von Matrikelnummern um eine isomorphe Abbildung, da von jeder Person eindeutig auf die Matrikelnummer geschlossen werden kann und umgekehrt. Isomorphe Abbildungen spielen bei der empirischen Datenerhebung innerhalb der Psychologie *keine* bedeutsame Rolle, da die Zahlenzuordnungen in der Regel zum Auffinden allgemeingültiger Aussagen über mehrere Personen dienen.
Messfehler	Die oben aufgeführte Definition zum Thema Messen beschreibt einen nahezu unerreichbaren Idealzustand. Messungen enthalten in der Regel Messfehler. Zum Beispiel erfasst ein Intelligenztest nicht für alle gemessenen Versuchspersonen die tatsächliche Intelligenzleistung, sondern einzelne Personen erzielen einen etwas höheren IQ-Wert als ihnen eigentlich zusteht, während anderen Personen ein etwas zu niedriger IQ-Wert zugeteilt wird.
Neuer Definitionsvorschlag	Aufgrund der Messfehlerproblematik könnte man Messen daher auch als möglichst strukturerhaltende Abbildung eines „Realitätsausschnittes" (einem Ausschnitt aus unserer Umwelt) in Zahlen definieren. In den so gewonnenen Zahlen sucht man bei der anschließenden Datenauswertung nach (Zahlen-)Mustern, welche die „Realität" möglichst gut repräsentieren sollen.
Präzision und „Garbage in, garbage out"	Je präziser die Messung ist, d.h. umso besser die Struktur des Umweltausschnittes in den Zahlen abgebildet wird, desto besser können bei der anschließenden Datenauswertung die in der „Realität" vorhandenen Muster entdeckt werden. Ist die Messung hingegen ungenau bzw. verrauscht, werden die Muster womöglich nicht entdeckt oder es werden selbst bei korrekter Durchführung der Datenauswertung Muster vermutet, die in der Umwelt gar nicht vorhanden sind. Diesen Grundsatz bezeichnet man im Englischen auch als „garbage in, garbage out"-Prinzip. Abb. 2 stellt eine Analogie dar, um die Wichtigkeit einer präzisen Messung zu erläutern.
Benötigte Messpräzision abhängig von der Fragestellung	Wie präzise eine Messung sein muss, hängt auch von der untersuchten Fragestellung ab. Um im Bild der Analogie zu bleiben: Soll überprüft werden, ob sich ein Elefant auf dem Bild befindet, oder möchte man wissen, ob ein Elefant auf dem Bild lächelt?

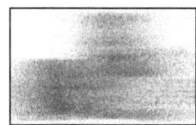

Abb. 2: Analogie, um die Wichtigkeit einer präzisen Messung zu erläutern. Der Anteil am Signal (Muster) im Vergleich zum Rauschen nimmt von links nach rechts zu.

Um eine unzulängliche Datenerhebung zu vermeiden, können vielfältige Verfahren der Datenerhebung in der (entwicklungs-)psychologischen Forschung zum Einsatz kommen. Diese Verfahren werden in den nachfolgenden Kapiteln getrennt voneinander vorgestellt, obgleich sich die einzelnen Erhebungsformen zum Teil überschneiden oder bei der Datenerhebung kombiniert werden. Jede dieser Methoden besitzt Vor- und Nachteile (für einen umfassenderen Vergleich verschiedener Datenerhebungsformen innerhalb der Entwicklungspsychologie, siehe Lohaus, 1989). Die aufgeführten Punkte sind dabei als erste Orientierungshilfen zu verstehen, da die einzelnen Verfahren im Einzelfall sehr unterschiedlich durchgeführt werden können. Beispielsweise gibt es nicht *die* Beobachtung als Datenerhebungsmethode, sondern eine Reihe verschiedener Beobachtungsverfahren mit unterschiedlichen Stärken und Schwächen.

Verschiedene Methoden der Datenerhebung

Allgemein treten bei der Datenerhebung (in der Entwicklungspsychologie) mehrere grundlegende Probleme auf:

Grundprobleme bei der Datenerhebung

- **Unterschiedliche Methoden führen zu unterschiedlichen Ergebnissen:** Wird eine Fragestellung mit mehreren Methoden der Datenerhebung untersucht, so sollten sich idealerweise methodenunabhängig die gleichen Ergebnisse zeigen. Häufig gelangt man jedoch zu unterschiedlichen Ergebnissen. Die Wahl der Methode beeinflusst somit das Ergebnis der Untersuchung (vgl. Lohaus, 2007; Trautner, 1997).

- **Diskontinuitäten bei der Frage, was als wissenschaftlich gilt:** Im Laufe der Zeit hat sich die Meinung darüber geändert, welche Methoden der Datenerhebung als wissenschaftlich gelten (vgl. Hoppe-Graff, 1998). Dabei wurden bereits etablierte Verfahren zeitweise als unwissenschaftlich zurückgewiesen und zu einem späteren Zeitpunkt erneut als wissenschaftliche Methode akzeptiert. Ein Beispiel in der Entwicklungspsychologie stellt die Tagebuchmethode dar (Kapitel 2.3.1).

- **Konfundierung zwischen Inhaltsbereich und Umgang mit der Methode:** Ein spezielles Problem bei der Datenerhebung in der Entwicklungspsychologie besteht in der Konfundierung (Vermischung) zwischen Entwicklungsprozessen im untersuchten Inhaltsbereich und im Umgang der Versuchspersonen mit dem Datenerhebungsverfahren (Lohaus, 2007). Zum Beispiel könnte man unterschiedlich alte Kinder hinsichtlich ihrer sozialen Kompetenz (Inhaltsbereich) untersuchen und feststellen, dass ältere Kinder schriftlich präsentierte Aufgaben zur Erfassung der sozialen Kompetenz besser lösen und folglich über eine höhere soziale Kompetenz verfügen. Alternativ

könnten die besseren Leistungen älterer Kinder aber auch auf den kompetenteren Umgang mit schriftlich vorgegebenen Aufgaben zurückzuführen sein,
d.h. auf das Datenerhebungsverfahren selbst.

2.3 Beobachtung

Definition

Unter Beobachtung wird innerhalb der Psychologie die Form der Datenerhebung verstanden, bei der mittels aufmerksamer und zielgerichteter
Wahrnehmung das menschliche Verhalten situationsspezifisch erfasst wird.

Voraussetzungen

Die Beobachtung wird unter folgenden Voraussetzungen zu einem wissenschaftlichen Verfahren (vgl. Trautner, 1997):

- **Existenz eines Forschungszieles:** Die Beobachtung dient einem bestimmten
  Forschungsziel. Allgemeine Forschungsziele werden weiter unten aufgeführt.

- **Systematische Planung und Aufzeichnung:** Die Durchführung und Aufzeichnung der Beobachtung ist systematisch geplant und wird nicht dem Zufall überlassen.

- **Überprüfung anhand der Testgütekriterien:** Die Beobachtungsdaten werden hinsichtlich der Testgütekriterien (Kapitel 3) überprüft.

Gleichwohl wird die Frage, welche Formen der Beobachtung als wissenschaftlich akzeptiert werden, von Forschern nach wie vor kontrovers diskutiert (vgl.
Hoppe-Graff, 1998).

Ziele

Eine Beobachtungsstudie kann unterschiedliche Ziele verfolgen (Trautner,
1997):

- **Systematischer Aspekt:** In diesem Fall dient die Studie dazu, etwas über
  den Zusammenhang verschiedener Variablen zu erfahren. Beispielsweise
  kann man das Sozialverhalten von Jugendlichen in Abhängigkeit ihrer Ge-
  schwisterzahl untersuchen, um Zusammenhänge zwischen diesen beiden Variablen zu erforschen.

- **Normativer Aspekt:** Bei diesem Aspekt geht es um Verhaltensnormen bestimmter Personengruppen. So kann man etwa die motorischen Fertigkeiten
  einer Altersgruppe – beispielsweise Kinder im Alter von 18 Monaten – beobachten, um Normwerte für diese Gruppe zu erhalten.

- **Ideographischer Aspekt:** Im Hinblick auf den ideographischen Aspekt sollen diagnostische Aussagen über eine einzelne Person getroffen werden.
  Gruppenvergleiche wie beim oben aufgeführten systematischen Aspekt finden hier nicht statt. Ein psychiatrisches Sachverständigengutachten zur Ermittlung der Schuldunfähigkeit einer Person stellt ein Beispiel im Rahmen
  des ideographischen Aspektes dar.

- **Ökologischer Aspekt:** Dieser Aspekt bezieht sich auf die Lebenswelt von Personen und die Gesetzmäßigkeiten innerhalb dieser Lebenswelt. Zum Beispiel kann man das Sozialverhalten von Jugendlichen in ländlichen Gebieten beobachten und dieses anschließend mit dem Verhalten von Stadtbewohnern vergleichen.

2.3.1 Beobachtungsarten

Bei der Datenerhebung mittels Beobachtung können verschiedene Arten voneinander unterschieden werden (vgl. Petermann & Rudinger, 2002; Trautner, 1997):

- **Systematisch versus unsystematisch:** Bei systematischen Beobachtungen wird dem Beobachter ein Satz von Regeln vorgegeben, die vorschreiben, was und wie dieser beobachten und protokollieren soll (z.B. den Augenkontakt zu einer anderen Person). Man spricht auch von einer strukturierten Beobachtung. Bei der unsystematischen bzw. unstrukturierten Beobachtung werden dem Beobachter hingegen keinerlei Richtlinien bezüglich seiner Beobachtung auferlegt.

- **Kontrollierte versus nicht kontrollierte Beobachtungssituation:** Eine kontrollierte Beobachtungssituation zeichnet sich durch die Verwendung eines standardisierten Beobachtungsinstrumentes aus. Außerdem wird die kontrollierte Beobachtung in einem standardisierten äußeren Rahmen durchgeführt. Letztgenannter Aspekt findet sich auch bei der Unterscheidung zwischen Labor- und Feldbeobachtung wieder.

- **Labor- versus Feldbeobachtung:** Während bei einer Laborbeobachtung zumeist eine künstliche Beobachtungssituation vorliegt, findet die Feldbeobachtung unter natürlichen Bedingungen statt. Werden eine gezielte Manipulation und Variation innerhalb eines Labors vorgenommen und die Probanden auf die einzelnen Versuchsbedingungen zufällig (randomisiert) zugewiesen, spricht man von einem Laborexperiment. Erfolgen die gezielte Manipulation und Randomisierung unter natürlichen Bedingungen, handelt es sich um ein Feldexperiment (Kapitel 2.6.1). Beobachtungen zum Verhalten am Computer (z.B. zur Internetnutzung) können ebenfalls im Labor oder im Feld – etwa an dem Heim-Computer der Versuchsperson – durchgeführt werden.

- **Teilnehmend versus nicht teilnehmend:** Bei der teilnehmenden Beobachtung wohnt der Beobachter der zu beobachtenden Situation bei. Dabei nimmt er eine aktive oder passive Rolle (beispielsweise die Rolle eines Besuchers) in der Beobachtungssituation ein. Bei der nicht teilnehmenden Beobachtung ist dies nicht der Fall.

- **Offen versus verdeckt:** Bei der offenen Beobachtung weiß der Versuchsteilnehmer, dass er beobachtet wird. Bei der verdeckten Beobachtung ist dies nicht der Fall. Sowohl offene als auch verdeckte Beobachtungen können

entweder als teilnehmende oder als nicht teilnehmende Beobachtungen statt-
finden.

- **Fremd- versus Selbstbeobachtung:** Bei der Fremdbeobachtung wird das Verhalten anderer Personen erfasst, bei der Selbst- bzw. Eigenbeobachtung hingegen das eigene Verhalten. In (entwicklungs-)psychologischen Studien dominieren Verfahren der Fremdbeobachtung.

- **Mit versus ohne technische Hilfsmittel:** Beobachtungen können ohne technische Hilfsmittel nur mit Papier und Bleistift durchgeführt werden. Der Einsatz verschiedener technischer Geräte zur Beobachtung ist allerdings heutzutage weit verbreitet. Beispielsweise können Videokameras, Tonband-geräte, Eyetracker (Gerät zur Erfassung von Blickbewegungen, siehe Bei-spiel in Kapitel 2.3.2) oder bildgebende Verfahren (siehe hierzu Kapitel 2.6.2) verwendet werden. Durch den Einsatz dieser Geräte können unter an-derem Aufzeichnung und Auswertung des Verhaltens getrennt werden.

- **Vermittelt versus unvermittelt:** Im Zusammenhang mit der Verwendung technischer Hilfsmittel ist auch die Unterscheidung zwischen vermittelter und unvermittelter Beobachtung zu nennen. Bei der vermittelten Beobach-tung dienen Aufzeichnungsgeräte zur Speicherung und späteren Auswertung der Beobachtung, während bei der unvermittelten Beobachtung keine techni-schen Hilfsmittel zum Einsatz kommen.

- **Direkt versus indirekt:** Die direkte Beobachtung bezieht sich auf das Ver-halten selbst, während bei der indirekten Beobachtung die Auswirkungen dieses Verhaltens erfasst werden. Zum Beispiel kann man das Verhalten von Schülern auf dem Schulhof direkt beobachten oder aber nur dessen Auswir-kungen (z.B. Zeichnungen auf dem Boden oder liegen gelassener Müll).

- **Verbale versus kategoriale Aufzeichnung:** Diese Unterscheidung bezieht sich auf die Aufzeichnung von Beobachtungen. Verbalprotokolle geben das beobachtete Verhalten in Form verbaler Beschreibungen wieder, während Kategoriensysteme eine Liste von Konstrukten beinhalten, in die sich die zu beobachtenden Verhaltensweisen einordnen lassen (Schölmerich & Weßels, 1998). Beispielsweise kann man das Verhalten eines Schülers auf dem Schulhof in Form einer verbalen Beschreibung festhalten oder bestimmten Kategorien zuordnen (z.B. der Gebrauch versus Nichtgebrauch des eigenen Handys).

- **Kontinuierliche versus diskontinuierliche Messungen:** Kontinuierliche Messungen sind Messungen, die fortlaufend vorgenommen werden, während diskontinuierliche Messungen auf Basis von Kategoriensystemen erfolgen. Hierbei wird das Eintreten oder Nichteintreten bestimmter Ereignisse (z.B. Körperkontakt des Kindes zur Mutter) festgehalten (Lohaus, 2007).

- **Molar versus molekular:** Molare Beobachtungen beziehen sich eher auf globale Kategorien, molekulare Beobachtungen erfassen hingegen feinge-gliederte Details des Verhaltens. Zum Beispiel bezeichnet man die Erfassung aggressiven Verhaltens als molare Beobachtung, während eine molekulare

Beobachtung sich auf das Schlagen mit der rechten Hand in das Gesicht des Gegenübers bezieht.

Des Weiteren können folgende spezielle Beobachtungsformen voneinander unterschieden werden (Trautner, 1997):

Spezielle Beobachtungsformen

- **Tagebuch:** Bei dieser aufwendigen Beobachtungsform wird üblicherweise täglich oder in größeren Abständen die Entwicklung einer Person in ihrer alltäglichen Lebenswelt unsystematisch und in erzählender Form niedergeschrieben. Die Aufzeichnung muss nicht zwingend in einem Buch erfolgen, sondern kann auch mittels Computer oder Handy vorgenommen werden. Protokolliert wird vor allem das, was auffällig oder neu erscheint. Illustrierende Beispiele und Anekdoten ergänzen die Angaben. Zudem kennt der Beobachter die beobachtete Person häufig sehr gut (z.B. führt die Mutter Tagebuch über ihr Kind) oder es handelt sich um eine Selbstbeobachtung. Oft erfolgt keine strikte Trennung zwischen Beschreibung und Interpretation des Verhaltens (vgl. hierzu Hoppe-Graff, 1998).

- **Exemplarische Beschreibung:** Die exemplarische Beschreibung ist die geplante, kontinuierliche und möglichst vollständige Beschreibung aller auftretenden Verhaltenssequenzen und den dazugehörigen situativen Kontexten unter bestimmten zeitlichen und örtlichen Bedingungen. Diese enorm zeitaufwendige Form der Beobachtung ist stärker systematisiert als das Tagebuchverfahren, jedoch inhaltlich ähnlich offen.

- **Spieltechniken:** Bei Spieltechniken wird die Datenerhebung im Rahmen eines Spiels vorgenommen. Spieltechniken beinhalten meist einen Verbalanteil und einen Handlungsanteil. Letzterer bezieht sich auf das im Spiel gezeigte Verhalten der zu beobachtenden Person. Aufgrund des Verbalanteils werden Spieltechniken auch als spezielle Befragungsform betrachtet (z.B. Lohaus, 1989). Im Vergleich zu anderen Befragungsarten (Kapitel 2.4) ist die Sprachbeherrschung durch den beobachtbaren Handlungsanteil als zusätzliche Informationsquelle in geringerem Maße erforderlich. Zudem weisen Spieltechniken üblicherweise eine hohe Motivation bei jüngeren Kindern auf, bergen für diese aber auch zusätzliche Anforderungen, die besonders junge Kinder überfordern können (z.B. die Perspektivenübernahme bei einem Rollenspiel, siehe Lohaus, 1989).

- **Schätzung von Eigenschaften:** Bei der Schätzung von Eigenschaften wird nicht das beobachtete Verhalten protokolliert, sondern der Beobachter gibt – oft nachträglich – seine Eindrücke wieder, die er aufgrund seiner Beobachtung über die Person gewonnen hat. Anschließend erfolgt meist eine quantitative Auswertung dieser Eindrücke.

- **Ethnographie:** Bei der ethnographischen Methode handelt es sich um ein beschreibendes, qualitatives Verfahren, bei dem eine Kultur oder eine soziale Gruppe in einer Feldstudie teilnehmend beobachtet wird. Ziel ist es, diese Kultur oder Gruppe zu verstehen. Der Forscher lebt dazu meist über einen längeren Zeitraum von mehreren Monaten bis Jahren mit dieser Gruppe zusammen und nimmt an allen Aspekten des täglichen Lebens teil. Dabei versucht er seinen Einfluss auf die Gruppe zu minimieren und Teil dieser zu werden (Berk, 2005).

Aufzeichnungspläne Neben diesen speziellen Beobachtungsformen kann man verschiedene Arten der Aufzeichnung von Beobachtungen unterscheiden, die man als Aufzeichnungspläne bezeichnet. Hierbei sind Zeit- und Ereignisstichprobenpläne voneinander abzugrenzen (Lohaus, 2007; Schölmerich & Weßels, 1998; Trautner, 1997):

- **Zeitstichprobenplan:** Ein solcher Aufzeichnungsplan sieht die Registrierung von Verhaltenssequenzen nach zuvor definierten Zeitintervallen vor. Diese Beobachtungsintervalle (observe intervals) können von beobachtungsfreien (Schreib-)Intervallen (record intervals) unterbrochen werden und betragen gewöhnlich zehn Sekunden bis fünf Minuten.

- **Ereignisstichprobenplan:** Bei einem Ereignisstichprobenplan ist die Beobachtungsdauer durch die Dauer des Ereignisses bestimmt. Beispielsweise kann man gezielt einen Streit zwischen zwei Personen beobachten und aufzeichnen. Die Streitdauer bestimmt hier die Beobachtungsdauer. Vorangegangene und nachfolgende, nicht ereignisrelevante Verhaltensweisen bleiben unbeachtet.

2.3.2 Beispiel: Beobachtungen mittels Eyetracker

Unter dem Begriff Eye-Tracking versteht man die Beobachtung und Aufzeichnung von Blickbewegungen einer Person mittels technischer Hilfsmittel (dem Eyetracker). Dabei lassen sich unter anderem zwei Arten von Blickbewegungen unterscheiden:

Arten von Blickbewegungen
- **Fixationen:** Bei diesen werden Fixationspunkte (bestimmte Punkte im Raum) fokussiert, d.h. mit dem Blick erfasst. Fixationen dienen der Informationsaufnahme. Die Augen verharren dabei nicht in einer absoluten Ruheposition, sondern es treten kleinere, unwillkürliche Augenbewegungen wie zum Beispiel Driftbewegungen oder Mikrosakkaden auf (nähere Informationen hierzu finden sich z.B. bei Bente, 2004).

- **Sakkaden:** Bei Sakkaden handelt es sich um kurzzeitige Sprünge von einer Fixation zur nächsten. Man kann auch von einem Blickwechsel sprechen. Aufgrund der schnellen und ruckartigen Augenbewegungen erfolgt während der Sakkade *keine* Informationsaufnahme.

Arten von Aufzeichnungsgeräten
Fixationen und Sakkaden lassen sich gemeinsam mit Mausbewegungen, Mausklicks, Tastatureingaben und Videosignal aufzeichnen. Bezüglich der Aufzeichnungsgeräte können zwei Arten von Eyetrackern unterschieden werden:

- **Überkopfsysteme:** Diese Systeme, auch head-mounted Eyetracker genannt, werden am Kopf der Versuchsperson befestigt. Sie enthalten neben dem Gerät zur Erfassung der Blickbewegung eine Szenenkamera, die in der Regel das Sichtfeld des Probanden aufzeichnet. Dadurch wird der Blickpfad des

Versuchsteilnehmers aufgenommen, der sich währenddessen relativ frei bewegen kann.

- **Ferngesteuerte Systeme:** Solche Systeme werden auch als remote eyetracker bezeichnet. Hier ist der Eyetracker nicht mit der Versuchsperson verbunden, sondern die Aufzeichnung erfolgt berührungsfrei, z.B. durch Infrarotlicht und Videoaufzeichnung der Augen. Nach erfolgreicher Kalibrierung kann der Proband seinen Kopf relativ frei in einem bestimmten Radius bewegen.

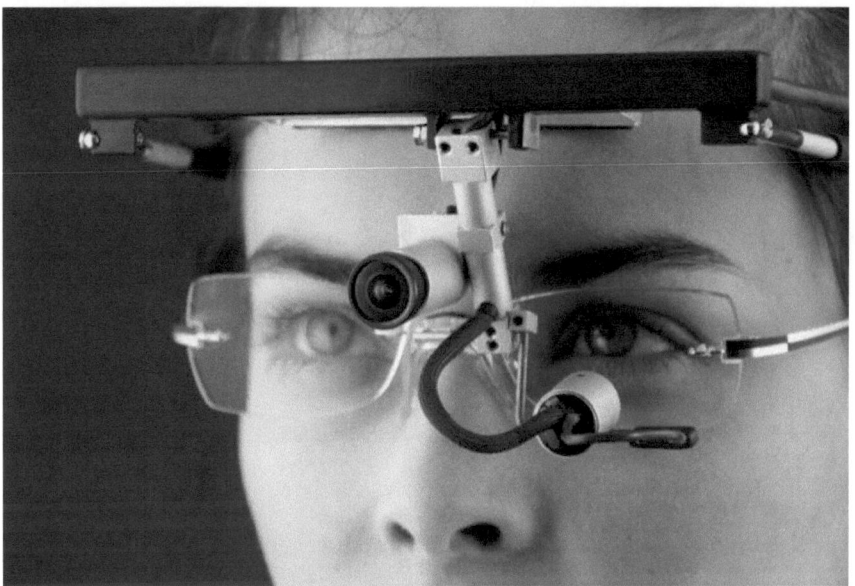

Abb. 3: Beispielhafte Darstellung eines Überkopfsystems mit Szenenkamera. Quelle: Ergoneers.

Eine besonders gängige Methode zur Aufzeichnung von Blickbewegungen stellt die videobasierte bzw. Cornea Reflex Methode dar (Abb. 4). Bei dieser wird ein schwacher Infrarot-Lichtstrahl aus kurzer Distanz vom Eyetracker auf das Auge gerichtet. Nach erfolgter Kalibrierung nimmt das Gerät ein Video der Augen auf, welches die Pupillen und deren Reflexpunkt des infraroten Lichtes auf der Hornhaut beinhaltet. Diesen Reflexpunkt bezeichnet man als Cornealen Reflex. Andere Aufzeichnungsverfahren nutzen beispielsweise Nachbilder auf der Retina, die elektrische Spannung zwischen Netz- und Hornhaut oder die Reflexion von verspiegelten Kontaktlinsen.

Cornea Reflex
Methode

Abb. 4: Beispielhafte Verwendung des Eyetrackers T60 von tobii. Dieser stellt ein ferngesteuertes System dar, wobei die Aufzeichnung mit der Cornea Reflex Methode vorgenommen wird. Quelle: tobii.

Vorteile

Die Verwendung eines Eyetrackers ist mit mehreren Vorteilen verknüpft:

- **Messung des Blickverlaufs:** Mit Hilfe eines Eyetrackers wird der Blickverlauf des Probanden erfasst. Dadurch kann man beispielsweise überprüfen, ob eine Person einen Text liest, nur überfliegt oder überhaupt nicht betrachtet. Störeinflüsse wie soziale Erwünschtheit, die bei nachträglicher Befragung auftreten können (z.B. werden viele Probanden nachträglich angeben, den Text gelesen zu haben), werden somit vermindert.

- **Rückschlüsse auf Aufmerksamkeitsprozesse:** Blickbewegungen erlauben Rückschlüsse auf Aufmerksamkeitsprozesse der Versuchsteilnehmer (z.B. Van Gog, Kester, Nievelstein, Giesbers, & Paas, 2009). Sogenannte areas of interests geben darüber Auskunft, welche Bildbereiche und Objekte wann und mit welcher Dauer fixiert wurden. Zudem wird das visuelle Suchverhalten des Probanden sichtbar.

- **Visualisierbare Ergebnisse:** Eye-Tracking Untersuchungen können – sofern die dazugehörige Software zur Verfügung steht – zu sehr anschaulichen Bildern oder Videos der Blickbewegungen führen. Bezüglich der Darstellungen unterscheidet man unter anderem zwischen Bildern und Videos.

- **Vielfältige Anwendungsgebiete:** Eyetracker können nicht nur in entwicklungspsychologischen Studien verwendet werden. Auch in der klassischen Leseforschung oder der klinischen Psychologie wurde auf Eye-Tracking zurückgegriffen. Außerhalb der (kognitiven) Psychologie, beispielsweise in den Neuro- oder Wirtschaftswissenschaften, werden Eyetracker ebenso eingesetzt (Duchowski, 2002). Unternehmen greifen unter anderem auf Blickbewegungsregistrierungen zurück, um etwa Werbung zu evaluieren oder die Benutzerfreundlichkeit eines Computerprogramms zu optimieren. Selbst als Hilfssystem für körperlich beeinträchtigte Menschen können Eyetracker genutzt werden.

Neben diesen Vorteilen sind Eye-Tracking Untersuchungen jedoch auch mit diversen Nachteilen verbunden:

Nachteile

- **Hohe Kosten und hoher Aufwand:** Die Anschaffungskosten eines Eyetrackers sind enorm. Aktuelle und gängige Geräte kosten einschließlich Software oftmals 20.000 Euro und mehr. Zudem sind Folgekosten, etwa für neuere Softwareversionen und Benutzerschulungen, zu berücksichtigen. Zudem ist die Erhebung und anschließende Auswertung der Daten häufig sehr aufwändig.

- **Hohe Expertise erforderlich:** Der adäquate Einsatz eines Eyetrackers benötigt sowohl bei der Datenerhebung als auch bei der Datenauswertung fundiertes Fachwissen. Daher sollten solche Geräte in Untersuchungen nur dann eingesetzt werden, wenn diese Expertise vorhanden ist oder aber in der gewünschten und bereitgestellten Zeit erworben werden kann.

- **Informationsaufnahme nicht gleichzusetzen mit Blickfokus:** Auch wenn ein bestimmtes Objekt vom Probanden fokussiert wird, bleibt unklar, ob und wie diese Informationen kognitiv weiterverarbeitet werden. Darüber hinaus misst der Eyetracker nur den Blickfokus der Versuchsperson. Doch auch über das periphere Sichtfeld können Informationen aufgenommen werden.

- **Gründe für (Nicht-)Fixierung durch Eyetracker nicht registrierbar:** Die Registrierung und Aufzeichnung von Blickbewegungen klärt nicht auf, warum diese Augenbewegungen stattgefunden haben.

- **Beeinflussung des Verhaltens und Erlebens:** Neben der Messung des Verhaltens während einer Studie kann auch der Eyetracker selbst das Verhalten und Erleben beeinflussen (Kapitel 2.3.3). Dies ist zum Beispiel bei älteren Überkopfsystemen leicht der Fall. Dadurch wird die Übertragbarkeit der Untersuchungsergebnisse auf alltägliche Lernsituationen eingeschränkt.

- **Nutzerbedingte Einschränkungen:** Einige Eyetracker sind nicht bei allen Versuchspersonen gleichermaßen einsetzbar. Beispielsweise erfordern einzelne Aufzeichnungsverfahren Kontaktlinsen oder schließen Brillenträger aus. Bei jüngeren Kindern kann sich der Einsatz bestimmter Eyetracker als schwierig erweisen.

Weiterführende
Informationen

Weiterführende Informationen zum Thema Eye-Tracking finden sich unter anderem bei Bente (2004), Duchowski (2007) und – speziell zu den physiologischen Grundlagen der okulomotorischen Aktivität – bei Galley (2001).

2.3.3 Bewertung

Vor- und Nachteile von Beobachtungen hängen maßgeblich von der Art der Beobachtung (Kapitel 2.3.1) ab. Zusätzlich ist die konkrete Vorbereitung und Durchführung entscheidend dafür, ob die nachfolgend genannten Vor- und Nachteile auftreten. Beispielsweise kann eine intensive Beobachterschulung im Vorfeld der Studie dazu beitragen, Beobachtungs- und Beurteilungsfehler (siehe unten) zu reduzieren.

Vorteile

Folgende Vorteile können Beobachtungen bei der Datenerhebung zugesprochen werden (vgl. Trautner, 1997):

- **Erfassung des tatsächlichen Verhaltens:** Wesentlicher Vorteil der Beobachtung ist, dass das tatsächliche Verhalten zu dem Zeitpunkt erfasst wird, zu dem es sich ereignet.

- **Einsetzbarkeit in natürlichen Umgebungen:** Beobachtungsmethoden können in natürlichen Umgebungen eingesetzt werden.

- **Keine Notwendigkeit sprachlicher Fähigkeiten:** Sprachliche Fähigkeiten der Versuchspersonen sind für diese Form der Datenerhebung nicht erforderlich (vgl. Kapitel 2.4).

- **Beobachtbarkeit komplexer sozialer Interaktionen:** Auch komplexe soziale Interaktionen lassen sich beobachten, die von den Probanden rückwirkend nur schwer verbalisierbar sind.

- **Erforderlichkeit aktiver Mitarbeit gering:** Im Gegensatz zu anderen Formen der Datenerhebung ist die aktive Mitarbeit der Untersuchungsteilnehmer in geringerem Maße erforderlich.

- **Möglichkeit der Erfassung mehrerer komplexer Verhaltensweisen:** Beobachtungen ermöglichen die gleichzeitige Erhebung mehrerer, komplexer Verhaltensweisen verschiedener Personen über einen längeren Zeitraum.

Nachteile

Beobachtungen gehen mit folgenden Nachteilen einher (vgl. Trautner, 1997):

- **Hoher Aufwand:** Die Konstruktion, Durchführung und Auswertung von Beobachtungsverfahren sind mit einem hohen Aufwand verbunden.

- **Keine Beobachtbarkeit subjektiven Erlebens:** Das subjektive Erleben der Probanden ist nicht beobachtbar, sondern kann nur auf Basis der Beobachtung erschlossen oder durch andere Methoden der Datenerhebung in Erfahrung gebracht werden (vgl. Berk, 2005).

- **Fehlbarkeit des Beobachters:** Bei der Beobachtung sind auf Seiten des Beobachters unterschiedliche Leistungen vonnöten, die die Wahrnehmung, Beurteilung, Verschlüsselung und Aufzeichnung von Ereignissen betreffen

(Trautner, 1997). Der Beobachter nimmt die Rolle des Messinstrumentes ein und kann hierbei diverse Beobachtungs- und Beurteilungsfehler begehen:

- **Milde-Härtefehler:** Die Merkmale der beobachteten Objekte werden systematisch zu schlecht oder zu gut eingeschätzt. Man spricht auch vom Leniency-Severity-Fehler (Saal & Landy, 1977).

- **Tendenz zur Mitte:** Unter diesem Beobachtungsfehler wird die Neigung verstanden, das beobachtete Verhalten stets mit mittleren Werten der verwendeten Skala zu versehen und dadurch die Extrembereiche der Skala zu vermeiden.

- **Primacy-Effekt:** Dieser aus der Gedächtnispsychologie stammende Effekt besagt, dass der erste Eindruck des Beobachters über die Merkmale des Beobachteten einen stärkeren Einfluss besitzt als die nachfolgenden Beobachtungen.

- **Beharrungstendenz:** Die Tendenz zur Beharrung (perseverance bias) basiert ebenfalls auf dem starken Einfluss des ersten Eindrucks, wobei dieser hier sogar dann noch wirkt, wenn der Eindruck sich als falsch herausgestellt hat.

- **Recency-Effekt:** Der Recency-Effekt, der ebenfalls der Gedächtnispsychologie entstammt, tritt auf, wenn der letzte Eindruck des Beobachters über die Merkmale des Beobachteten einen stärkeren Einfluss besitzt als vorangegangene Beobachtungen.

- **Halo-Effekt:** Beim Halo-Effekt erfolgt eine Urteilsverzerrung aufgrund einer hervorstechenden Merkmalsausprägung der beobachteten Person, welche andere Merkmalsurteile beeinflusst bzw. „überstrahlt" (im Griechischen bedeutet „hàlos" Lichthof).

- **Logische Fehler:** Implizite Persönlichkeitstheorien des Beobachters können die Beobachtung beeinflussen. Beispielsweise könnte der Beobachter annehmen, dass pünktlich erscheinende Personen auch fleißig sind. Man spricht in diesem Zusammenhang auch von einer illusorischen Korrelation.

- **Rater-Ratee-Interaktionen:** Bei diesem Beurteilungsfehler unterscheidet man zwischen einem Ähnlichkeitsfehler und einem Kontrastfehler. Beim Ähnlichkeitsfehler schätzt der Beobachter die Merkmale des Beobachteten in Richtung der eigenen Merkmale ein. Ein Kontrastfehler tritt auf, wenn der Beobachter die Merkmale des Beobachteten in die entgegengesetzte Richtung seiner eigenen Merkmale einstuft.

- **Beeinflussbarkeit des beobachteten Geschehens:** Der Beobachter kann durch seine Anwesenheit oder Beobachtungstätigkeit das beobachtete Verhalten beeinflussen (Trautner, 1997). In diesem Zusammenhang ist der Hawthorne-Effekt zu nennen. Dieser besagt, dass das bloße Wissen, beo-

bachtet zu werden und Teilnehmer einer Untersuchung zu sein, zu einer
Veränderung des natürlichen Verhaltens von Personen führen kann.

- **Fehlende Beobachtbarkeit bestimmter Verhaltensweisen:** Bestimmte
  Verhaltensweisen sind zwar grundsätzlich berichtbar, aber nur selten beobachtbar. Ein Beispiel stellen familiäre Auseinandersetzungen dar.

2.4 Befragung

Definition

Befragung ist die Form der Datenerhebung, bei der mittels gezielter Kom-
munikation das menschliche Erleben und Verhalten erfasst wird.

Voraussetzungen

Bei der Befragung im wissenschaftlichen Kontext sollten unter anderem folgende Voraussetzungen erfüllt sein (vgl. Trautner, 1997):

- **Verständlichkeit:** Die gestellten Fragen müssen vom Befragten verstanden
  und deren Inhalte über alle Befragten hinweg gleich erfasst werden.

- **Keine Suggestivität:** Fragen sollten nicht von vornherein eine bestimmte
  Antwort nahelegen.

2.4.1 Befragungsarten

Folgende Arten der Befragung können voneinander unterschieden werden
(Hoppe-Graff, 1998; Trautner, 1997):

- **Mündlich versus schriftlich:** Befragungen können mündlich oder schriftlich erfolgen. Bei der mündlichen Befragung stellt ein Befrager zumeist einer einzelnen Person Fragen, während bei der schriftlichen Befragung häufig
  mehrere Personen gleichzeitig, jedoch getrennt voneinander, einen Fragebogen vorgelegt bekommen. Derartige Gruppenuntersuchungen sind oft deutlich ökonomischer.

- **Strukturiert (standardisiert) versus unstrukturiert (unstandardisiert):**
  Befragungen können sich hinsichtlich ihrer Strukturierung bzw. Standardisierung unterscheiden. Bei standardisierten Fragen werden Wortlaut und
  Reihenfolge der Fragen sowie Details der Befragungsvorgehensweise genau
  festgelegt. Im Gegensatz dazu ergibt sich das Vorgehen der unstandardi-
  sierten bzw. freien Befragung aus der Interaktion zwischen Befrager und Befragtem. Man orientiert sich dort höchstens an einem allgemeinen Leitfaden
  bezüglich der anzusprechenden Themen. Diese Form der Strukturierung
  wird auch als semi-strukturierte bzw. partiell standardisierte Befragung bezeichnet.

- **Offenheit versus Geschlossenheit:** Offene Fragen erlauben dem Befragten,
  die Frage frei und in eigenen Worten zu beantworten. Bei geschlossenen
  Fragen werden verschiedene Antwortmöglichkeiten vorgegeben (z.B. „trifft

zu", „trifft nicht zu"), aus denen der Befragte auswählen muss. Dadurch besteht die Gefahr, dass dem Befragten keine passenden Auswahlmöglichkeiten zur Verfügung stehen. Die Überführung der Antworten in Zahlwerte für die spätere Datenauswertung ist bei geschlossenen Fragen allerdings meist deutlich einfacher als bei offenen Fragen.

- **Befragung der Person versus Befragung von Dritten:** Wird die Person selbst befragt, spricht man auch von einer direkten Befragung bzw. Selbsteinschätzung. Bei der Fremdeinschätzung, d.h. Befragung von Dritten (z.B. Verwandte, Bekannte, Vorgesetzte u.Ä.), äußern sich diese über das Verhalten der zu untersuchenden Person. Beispielsweise kann man Eltern über die Verhaltensentwicklung ihrer Kinder befragen.

- **Online versus Offline:** Befragungen können sowohl in herkömmlicher Form mit Papier und Bleistift durchgeführt werden als auch in elektronischer Form. Sofern die Befragung in elektronischer Form internetbasiert ist, spricht man von einer Online-Befragung (Kapitel 2.4.2). Hierbei wird der Fragebogen von Versuchsteilnehmern im Webbrowser ausgefüllt. Nicht internetbasierte Befragungen stellen Offline-Befragungen dar.

- **Befragung innerhalb versus außerhalb von Versuchsräumen:** Befragungen können in Versuchsräumen oder an anderen Orten durchgeführt werden (z.B. in der Wohnung des Befragten). Dies gilt sowohl für Online- als auch Offlinebefragungen. Meist können störende Einflüsse in Versuchsräumen besser ausgeschaltet werden. Der Aufwand für die Anfahrt und Ähnliches ist dabei jedoch höher.

Außerdem sind folgende Formen voneinander abzugrenzen (vgl. Hoppe-Graff, 1998; Lohaus, 2007; Trautner, 1997):

- **Exploration und Interview:** Bei dieser mündlichen, häufig semi-strukturierten Befragungsform existiert aufgrund der Gesprächssituation eine interpersonelle Beziehung zwischen Versuchsleiter (Interviewer) und Versuchsteilnehmer (Befragtem). Diese Beziehung beeinflusst – insbesondere beim unstrukturierten, erkundenden Interview – den Gesprächsverlauf und die Antworten der Probanden. Interviews können bei Kindern ab vier Jahren beziehungsweise – durch Verwendung besonders einfacher Wörter und Sätze – bereits etwas früher eingesetzt werden.

- **Puppenspielinterview:** Beim Puppenspielinterview wird Kindern während des Interviews Gelegenheit zum Spielen mit Puppen geboten. Das Kind soll sich dabei durch das Puppenspiel äußern, indem es beispielsweise einen Dialog zwischen Puppen führen soll, die Eltern und Geschwister repräsentieren. Puppenspielinterviews kommen besonders bei klinischen Fragestellungen zum Einsatz und enthalten Elemente projektiver Verfahren (Kapitel 2.7). Heutzutage werden anstelle von Puppen zunehmend Lego oder Playmobil-Figuren eingesetzt.

- **Bildwahlverfahren:** Bei diesem mündlichen Verfahren werden zwei Bilder gezeigt, wovon eines nach einem bestimmten Kriterium ausgewählt werden

soll. Dabei können bestimmte Fragen zu diesen Bildern gestellt werden oder
es soll eine vom Versuchsleiter begonnene Geschichte zum Bild fortgesetzt
werden. Wie das Puppenspielinterview ist das Bildwahlverfahren eng mit
der Datenerhebung projektiver Verfahren (Kapitel 2.7) verknüpft.

- **Erzählungen:** Erzählungen können spontan oder angeleitet auftreten. Spontan geäußerte Erzählungen sind beispielsweise im Rahmen von Tagebuchstudien (Kapitel 2.3.1) typisch. Gegenüber fremden Personen sind spontane – im Vergleich zu angeleiteten – Erzählungen allerdings selten anzutreffen. Angeleitete Erzählungen besitzen darüber hinaus den Vorteil, dass die Aufmerksamkeit des Befragten in eine Richtung gelenkt werden kann. Häufig wird dabei eine hypothetische Situation in Form eines Satzes oder einer Geschichte vorgegeben und die Versuchsperson um eine Fortsetzung gebeten.

- **Provozierte Niederschriften:** Eine provozierte Niederschrift ist eine angeleitete Erzählung in schriftlicher Form. Beispiele sind Aufsätze und Satzergänzungsmethoden, bei denen Probanden einen Aufsatz schreiben, eine Geschichte zu Ende erzählen oder einen Satz vervollständigen sollen. Sie sind für Kinder im Schulalter eher geeignet als Puppenspielinterviews oder Bildwahlverfahren, lassen sich aber ebenso mit projektiven Verfahren (Kapitel 2.7) in Verbindung bringen. Provozierte Niederschriften sollen unter anderem Aufschlüsse über soziale Beziehungen, Selbstkonzepte sowie motivationale und emotionale Verhaltensaspekte liefern.

- **Soziometrische Verfahren:** Diese Verfahren gehen auf Moreno (1951) zurück und dienen der Erfassung sozialer Gruppenbeziehungen. Beispielsweise werden die Mitglieder einer Schulklasse gefragt, neben welchem Mitschüler sie am liebsten (nicht) sitzen möchten. Aus den Angaben wird ein Soziogramm erstellt. Dieses gibt Auskunft über die sozialen Beziehungen der Gruppenmitglieder (z.B. über die Beliebtheit und Freundschaften einzelner Schüler).

Weitere Befragungsformen wie etwa Persönlichkeitsfragebögen, Frageninventare
und Skalen zu Einstellungen und Interessen sowie Leistungstests werden im
Rahmen standardisierter Tests (Kapitel 2.5) besprochen.

2.4.2 Beispiel: Online-Fragebögen

Definition

Online-Fragebögen sind internetbasierte, elektronische Fragebögen, die
von den Versuchsteilnehmern im Webbrowser ausgefüllt werden (Rey,
2009).

Der Fragebogen selbst befindet sich dabei auf einem Webserver. Fragen können
durch Besuch einer bestimmten Webseite aufgerufen und in aller Regel in einem
HTML-Formular beantwortet werden.

Online-Befragungen im Rahmen von empirischen Untersuchungen besitzen eine Reihe von Vorteilen (Rey, 2009):

- **Schnelle und kostengünstige Erhebung:** Elektronische Fragebögen sind zumeist schneller und kostengünstiger zu organisieren, durchzuführen und durch die automatische Datenerfassung auch deutlich schneller auszuwerten (vgl. Batinic, 2004). Zudem besteht die Möglichkeit, fortlaufend Zwischenergebnisse während der Untersuchung zu generieren, was zum Beispiel das sequentielle (es wird fortlaufend geprüft, ob der Stichprobenumfang für eine inferenzstatistische Entscheidung ausreicht) oder adaptive Testen ohne größeren Mehraufwand ermöglicht.

- **Erleichterung des adaptiven Testens:** Beim adaptiven Testen erhalten *nicht* alle Versuchspersonen denselben Online-Fragebogen („one size fits all"), sondern die Fragen werden in Abhängigkeit des bisherigen Antwortverhaltens angepasst. Bei einem Leistungstest kann dadurch der Schwierigkeitsgrad fortlaufend adjustiert werden. Leistungsschwache Versuchsteilnehmer erhalten somit im Verlauf leichtere Fragen, leistungsstarke Probanden hingegen schwierigere Aufgaben.

- **Zeitliche und örtliche Flexibilität:** Im Vergleich zu einem Fragebogen, der im Rahmen einer Laboruntersuchung eingesetzt wird, muss der Online-Fragebogen nicht zu einer bestimmten Zeit und an einem bestimmten Ort ausgefüllt werden. Stattdessen kann der Proband entscheiden, wann und wo er die Online-Untersuchung einschließlich des Fragebogens durchführen möchte. Einzige Voraussetzung ist ein Internetzugang.

- **Vermeidung von Erfassungsfehlern:** Die Antworten der Probanden werden unmittelbar in der Datenbank gespeichert. Dies erspart nicht nur die aufwendigen und mühseligen Arbeiten bei der manuellen Datenerfassung, sondern verhindert auch Fehler, die hierbei auftreten können. Trotzdem sollten vor der Auswertung Plausibilitätsprüfungen der Daten vorgenommen werden.

Neben diesen Vorteilen sind jedoch auch Nachteile bei der Verwendung von Online-Fragebögen zu beachten (Rey, 2009):

- **Gefahr der Mehrfachteilnahme:** Bei Online-Befragungen, die nicht im Rahmen klassischer Laboruntersuchungen durchgeführt werden, besteht grundsätzlich die Gefahr der Mehrfachteilnahme von Probanden (Beller, 2008). Dies kann durch einen nur einmal verwendbaren Link zum Fragebogen bzw. zur Untersuchung oder durch Vergabe eines eindeutigen Passworts vermieden werden. Die vollständige Anonymität ist somit jedoch nicht mehr gewährleistet. Andere Maßnahmen wie der Vergleich der IP-Adressen, die Verwendung von Cookies oder die Überprüfung der Antworten auf Zeitkonsistenz können die Mehrfachteilnahme lediglich einschränken, diese jedoch nicht gänzlich unterbinden (Vadillo & Matute, 2009).

- **Fragwürdige Stichprobenrepräsentativität:** Hinsichtlich der Stichprobenrepräsentativität ist zu kritisieren, dass Probanden über einen Internetzugang

verfügen müssen, um an der Online-Befragung zu partizipieren. Zudem entscheiden sie in aller Regel durch eigene Auswahl (Selbstselektion) darüber,
ob sie an der Studie teilnehmen. Verwendet man ein Online-Panel, d.h. einen
„Pool von registrierten Personen, welche sich bereit erklärt haben, wiederholt an marktforscherischen oder wissenschaftlichen Online-Untersuchungen
teilzunehmen" (Göritz, Reinhold, & Batinic, 2000, S. 62), kann ebenfalls das
Problem der Häufung bestimmter Probandengruppen bestehen (Batinic,
2004). Allerdings trifft dieser Kritikpunkt vermutlich noch in erheblich stärkerem Maße für die meisten herkömmlichen Untersuchungen im universitären Kontext mit einer hochselektiven Studierendenstichprobe zu (Sarris &
Reiß, 2005).

• **Problematische Vergleichbarkeit:** Online-Befragungen werden von Probanden zu unterschiedlichen Zeiten und an verschiedenen Orten durchgeführt. Beispielsweise könnte eine Person an einer Befragung in konzentrier-
ter Atmosphäre, mit genügend Zeit und ohne Ablenkung teilnehmen. Eine
andere Person füllt den elektronischen Fragebogen vielleicht in einem lauten
Bahnhof via Notebook und WLAN- oder UMTS-Verbindung aus, um die
Wartezeit auf die nächste Regionalbahn zu nutzen. Auch unterschiedliche
Hardware (z.B. Monitorgröße) und Software (z.B. Webbrowser) verhindern,
dass Probanden die Online-Untersuchung unter den gleichen Bedingungen
bearbeiten. Trotz dieser Probleme finden sich beim Vergleich von Labor-
und Internet-Untersuchungen häufig ähnliche Ergebnisse für die beiden Er-
hebungsverfahren (Vadillo & Matute, 2009).

• **Hohe Abbrecherquote:** Häufig ist die Abbrecherquote in Online-
Untersuchungen deutlich größer als in Studien, die an einem bestimmten Ort
im Rahmen von Einzel- oder Gruppenexperimenten durchgeführt werden
(vgl. Batinic, 2004). Dies kann den Vorteil der schnellen Datenerhebung erheblich relativieren. Zudem kommen die Ausfälle nicht zufällig zustande.
Durch diese selektiven Abbrüche ist das Vorliegen einer Zufallsstichprobe
gefährdet. Maßnahmen, die dem Abbruch an einer Online-Studie entgegen-
wirken können, sind beispielsweise das Bewerben der Online-Befragung, die
Bereitstellung von Anreizen zur Untersuchungsteilnahme (z.B. Teilnahme
an einer Verlosung, ein kleines persönliches Geschenk, Feedback zu den eigenen Antworten) sowie die Begrenzung der Untersuchungsdauer. Derartige
Maßnahmen können allerdings bestimmte Abbruchursachen (z.B. einen zwi-
schenzeitlichen Ausfall der Internetverbindung) nicht verhindern.

2.4.3 Bewertung

Befragungen besitzen folgende Vorteile bei der Datenerhebung (vgl. Berk, 2005;   Vorteile
Trautner, 1997):

- **Erfassung des subjektiven Erlebens:** Das subjektive Erleben (z.B. Gedan-ken, Gefühle) sowie andere, von außen nicht unmittelbar beobachtbare Phä-nomene (z.B. Einstellungen, Interessen und Überzeugungen) können erfragt werden.

- **Erfragbarkeit größerer Zeitspannen:** Befragungen können sich auf eine größere Zeitspanne beziehen und sind nicht auf das aktuelle Erleben und Verhalten beschränkt. Hierdurch lassen sich häufig deutlich mehr Informati-onen sammeln als bei einer gleichlangen Beobachtung.

- **Zahlreiche Einsatzmöglichkeiten:** Befragungen bieten vielfältige Einsatz-möglichkeiten. Sie können beispielsweise zur Hypothesengenerierung die-nen, als Vortest eines standardisierten Tests (Kapitel 2.5) herangezogen oder zur Zusammenstellung eines Itempools genutzt werden. Auch der versuchs-begleitende Einsatz bei (experimentellen) Beobachtungen (Kapitel 2.3 und 2.6) zur Überprüfung des Instruktionsverständnisses und Erfassung des sub-jektiven Erlebens bietet sich an.

Neben diesen Vorteilen kommen folgende Nachteile bei Befragungen zum Tra-   Nachteile
gen (vgl. Berk, 2005):

- **Notwendigkeit der Kommunikationsfähigkeit:** Grundlage für Befragun-gen sind kommunikative Kompetenzen der Befragten. Für zahlreiche Befra-gungsformen werden sprachliche Fähigkeiten vorausgesetzt. Im entwick-lungspsychologischen Kontext ist die Befragung jüngerer Kinder dadurch nicht oder nur eingeschränkt möglich.

- **Möglichkeit ungenauer oder falscher Erinnerungen:** Menschen können sich an ihr vergangenes Verhalten und Erleben nicht immer (vollständig) er-innern. Folglich wird dieses ungenau oder falsch dargestellt.

- **Antwortverzerrungen:** Falsche Darstellungen können auch durch Antwort-verzerrungen entstehen. Darunter sind Verzerrungen des berichteten Verhal-tens und Erlebens zu verstehen, die aus der Befragung selbst resultieren.

  - **Tendenz zu sozial erwünschtem Verhalten:** Beispielsweise existiert eine Tendenz sozial erwünschtes Verhalten zu berichten, welches nicht dem tatsächlichen Verhalten und Erleben des Befragten entspre-chen muss.

  - **Lake-Wobegon-Effekt:** Hierbei handelt es sich um eine selbstwert-dienliche Verzerrung, bei der die Mehrheit der Menschen annimmt, bestimmte eigene Fähigkeiten seien überdurchschnittlich. Der Effekt wurde nach dem fiktiven Dorf Lake Wobegon benannt, in dem nach dem amerikanischen Schriftsteller und Radiomoderator Garrison Keillor alle Kinder überdurchschnittlich seien.

- **Unwahre Antworten:** Aufgrund der Befürchtung negativer Konsequenzen werden von Befragten auch bewusst falsche Antworten abgegeben. Typisches Beispiel ist eine falsche Angabe in einem Bewerbungsgespräch.

2.5 Standardisierter Test

Definition

Ein standardisierter Test ist eine Form der Datenerhebung zur Untersuchung von Persönlichkeitsmerkmalen. Ziel ist es, eine möglichst genaue Aussage über den relativen Grad der individuellen Merkmalsausprägung treffen zu können (Lienert & Raatz, 1998).

Voraussetzungen

Ein standardisierter Test sollte folgende Voraussetzungen erfüllen (vgl. Trautner, 1997):

- **Detaillierte Testanweisung:** Der Testleiter wird über Bedingungen und Art der Durchführung sowie das Auswertungsvorgehen informiert.
- **Theoretische Fundierung:** Ein Entwicklungstest sollte möglichst entwicklungstheoretisch begründet sein.

Ziele

Ein standardisierter, entwicklungspsychologischer Test kann mehrere Ziele verfolgen:

- **Retrognose:** Bei der Retrognose soll der Entwicklungsverlauf in der Vergangenheit ermittelt werden.
- **Diagnose:** Die Diagnose befasst sich mit dem gegenwärtigen Entwicklungsstand von Personen.
- **Prognose:** Die Prognose zielt auf den zukünftigen Entwicklungsverlauf von Personen ab.

2.5.1 Formen standardisierter Tests

Bei Tests unterscheidet man zwischen folgenden Formen (Trautner, 1997):

- **Engerer versus weiterer Sinn:** Im weiteren Sinne werden alle annähernd standardisierten Prüfsituationen als Test bezeichnet, in denen verschiedene Leistungen zu erbringen sind. Im engeren Sinne sind nur Tests gemeint, die für bestimmte Altersstufen geeicht wurden und die individuelle Merkmalsausprägungen quantitativ erfassen.
- **Individual- versus Gruppentests:** Individualtests sind Tests, die im Einzelversuch durchgeführt werden. Gruppentests werden hingegen von mehreren Personen zur gleichen Zeit bearbeitet. Diese Gruppentests besitzen ökonomische Vorteile.
- **Leistungsmerkmale versus Persönlichkeitsmerkmale:** Während Leistungstests sich der Erfassung von Leistungsmerkmalen (z.B. Intelligenz,

Aufmerksamkeit, Gedächtnisfähigkeiten) widmen, beziehen sich Persön-
lichkeitstests auf Persönlichkeitseigenschaften (z.B. Ängstlichkeit, Extraver-
sion, Gewissenhaftigkeit) im engeren Sinne. Zu beachten ist dabei, dass
Leistungsmerkmale ebenfalls Persönlichkeitsmerkmale (im weiteren Sinne)
darstellen.

Typischerweise erfolgt im entwicklungspsychologischen Kontext folgende
Testeinteilung (vgl. Petermann & Rudinger, 2002; Trautner, 1997):

- **Allgemeine Entwicklungstests:** Allgemeine Entwicklungstests dienen der
  Feststellung des gesamten Entwicklungsstands einer Person im Hinblick auf
  eine Entwicklungsnorm. Damit soll festgestellt werden, ob diese Person un-
  ter-, normal- oder überdurchschnittliche Persönlichkeitsmerkmale im Hinblick auf die altersgleiche Vergleichsgruppe aufweist. Der Entwicklungstest
  sechs Monate bis sechs Jahre (ET 6-6) von Petermann, Stein und Macha
  (2008) testet beispielsweise bei sechs Monate bis sechs Jahre alten Kindern
  die Körpermotorik, Handmotorik, Nachzeichnen, kognitive Entwicklung,
  Sprachentwicklung, Sozialentwicklung und emotionale Entwicklung. Außerhalb klinischer Fragestellungen werden allgemeine Entwicklungstests
  heute kaum noch im Rahmen entwicklungspsychologischer Studien eingesetzt. Stattdessen kommen spezifischere Verfahren zum Einsatz.

- **Intelligenztests:** Intelligenztests sind standardisierte Verfahren, welche die
  allgemeine Intelligenz oder bestimmte Teilbereiche der Intelligenz erfassen.
  Intelligenztests gelten als Prototyp standardisierter Tests. Beispiele für Intelligenztests stellen der Hamburg-Wechsler-Intelligenztest für Kinder (HA-
  WIK-IV) von Petermann und Petermann (2007) sowie der Grundintelligenztest (CFT) von Cattell, Weiß und Osterland (1997) dar.

- **Schultests:** Schultests werden eingesetzt, um die Schulfähigkeit (z.B. Eignung für einen bestimmten Schultyp) zu diagnostizieren oder um den Leis-
  tungsstand eines Schülers in einem bestimmten Fach festzustellen. Häufig
  werden Schultests im Rahmen einer pädagogischen – und weniger einer
  entwicklungspsychologischen – Fragestellung eingesetzt.

- **Tests zur Prüfung spezieller Funktionen oder Fähigkeiten sowie Eig-
  nungstests:** Spezielle Funktionen und Fähigkeiten werden oft im Rahmen
  von allgemeinen Entwicklungstests, Intelligenztests oder Schultests durchgeführt. Häufig kommen sie auch bei Berufseignungstests zum Einsatz. Ein
  Beispiel stellt der d2 Aufmerksamkeits-Belastungs-Test von Brickenkamp
  (2002) dar, bei dem Tempo und Sorgfalt des Arbeitsverhaltens bei der Unterscheidung ähnlicher visueller Reize gemessen wird.

2.5.2 Beispiel: Die Würzburger Leise Leseprobe

WLLP-R

Die Würzburger Leise Leseprobe – Revision (WLLP-R) von Schneider, Blanke, Faust und Küspert (2011) stellt einen Gruppentest dar, der die Leseleistung von der ersten bis zur vierten Grundschulklasse erfasst. Dabei wird die Lesegeschwindigkeit gemessen, indem die Kinder zu geschriebenen Wörtern das jeweils entsprechende Bild von vier möglichen standardisierten Bildern markieren sollen (Tab. 1). Die Bearbeitungsdauer des Tests beträgt fünf Minuten (einschließlich Instruktion: 15 Minuten). Der Test liegt in zwei Formen mit jeweils 140 Aufgaben für Erst- bis Drittklässler bzw. mit 180 Aufgaben für Viertklässler vor.

Testgütekriterien

Die Paralleltestreliabilität ($.82 \leq r \leq .93$) und die Retestreliabilität ($.76 \leq r \leq .82$; für einen Zeitraum von 14 Wochen) sind beim WLLP-R für die vier Klassenstufen gewährleistet (siehe Kapitel 3.5.1 und 3.5.2 zur Erläuterung der Begriffe). Zudem zeigen sich beträchtliche Korrelationen (Kapitel 3.3) für alle vier Grundschulklassen mit anderen Leseleistungstests ($.51 \leq r \leq .79$) sowie mit Lehrerurteilen ($.39 \leq r \leq .75$) und Deutschnoten ($.43 \leq r \leq .45$), die als Belege für die Validität (Kapitel 3.6) des Tests dienen. Der WLLP-R wurde an 2333 Kindern aus den ersten vier Grundschulklassen normiert.

Tab. 1: Beispielitems aus dem WLLP-R von Schneider, Blanke, Faust und Küspert (2011).

Ei				
Kamm				
Stern				
Rose				
Knopf				
gehen				
Haus				
Kuh				
Boot				
Pfeile				

2.5.3 Bewertung

Standardisierte Tests verfügen bei der Datenerhebung über mehrere Vorteile (vgl. Trautner, 1997): Vorteile

- **Angabe des Entwicklungsstandes und Vergleichsmöglichkeiten:** Sie erlauben aufgrund ihrer Standardisierung Aussagen über den Entwicklungsstand einer Person im Vergleich zu anderen Personen.

- **Stärken hinsichtlich der Testgütekriterien:** Standardisierte Tests besitzen im Vergleich zu anderen Methoden der Datenerhebung oft Vorteile hinsichtlich der Testgütekriterien wie Objektivität, Reliabilität und Validität. Diese Gütekriterien werden im Kapitel 3 eingehend besprochen.

Als Nachteile standardisierter Tests kann man ähnliche Aspekte wie bei Befragungen im Allgemeinen aufführen: Nachteile

- **Notwendigkeit der Kommunikationsfähigkeit:** Grundlage für standardisierte Tests sind kommunikative Kompetenzen der Befragten. In aller Regel handelt es sich dabei um sprachliche Fähigkeiten.

- **Möglichkeit ungenauer oder falscher Einschätzungen:** Menschen schätzen ihre Persönlichkeitseigenschaften mitunter ungenau oder falsch ein. Dieses Problem tritt jedoch nicht bei der Testung von Leistungsmerkmalen (z.B. Intelligenzleistung) auf.

- **Antwortverzerrungen:** Auch bei der Erfassung von Persönlichkeitsmerkmalen (im engeren Sinne) können Antwortverzerrungen auftreten – beispielsweise in Richtung sozial erwünschter Eigenschaften. So wird Gewissenhaftigkeit mutmaßlich mehrheitlich positiv bewertet und dürfte als sozial erwünscht gelten.

- **Unwahre Antworten:** Aufgrund der Befürchtung negativer Konsequenzen werden von Befragten bewusst falsche Antworten abgegeben (z.B. in einem Bewerbungsgespräch). Auch dieser Nachteil trifft nur für Tests zur Messung von Persönlichkeitseigenschaften im engeren Sinne zu, nicht aber für Leistungstests.

2.6 Experiment

Ein Experiment ist eine Form der Datenerhebung, bei der Variablen planmäßig manipuliert und die daraus resultierenden Effekte erfasst werden. Störfaktoren werden dabei kontrolliert oder ausgeschaltet. Definition

Voraussetzungen   Bei einem Experiment sollten folgende Voraussetzungen erfüllt sein (vgl. Sarris & Reiß, 2005):

- **Variablenunterscheidung:** Hinsichtlich der Variablen unterscheidet man zwischen unabhängigen und abhängigen Variablen sowie Drittvariablen (z.B. Rey, 2009):

  - **Unabhängige Variablen:** Unabhängige Variablen (UVs) – auch (Bedingungs-)Faktoren (treatment factors) genannt – stellen Variablen dar, mit deren Hilfe eine abhängige Variable vorhergesagt werden soll. Die unabhängige Variable wird dabei im Experiment vom Versuchsleiter gezielt verändert. In einer entwicklungspsychologischen Studie könnte beispielsweise Kindern eine Aufgabe mit und ohne Hilfestellung präsentiert und der Lernerfolg im Anschluss gemessen werden. In diesem Fall läge eine zweifachgestufte unabhängige Variable (mit versus ohne Hilfestellung) vor, die den Lernerfolg als abhängige Variable vorhersagen soll. Werden dieselben Personen unter allen Faktorstufen einer unabhängigen Variable getestet, spricht man von einem messwiederholten Faktor. Im oben genannten Beispiel würde es sich um eine messwiederholte unabhängige Variable handeln, wenn alle Personen sowohl Aufgaben mit als auch ohne Hilfestellung präsentiert bekämen und man für beide Bedingungen die Lernleistungen getrennt erfassen würde.

  - **Abhängige Variablen:** Abhängige Variablen (AVs) sind Variablen, deren Werte mit Hilfe der unabhängigen Variablen vorhergesagt werden sollen. Zum Beispiel könnte der Lernerfolg als abhängige Variable mit Hilfe eines konstruierten Lerntests getrennt für die beiden Versuchsbedingungen erfasst werden. Kommt – wie in diesem Beispiel – nur eine abhängige Variable zum Einsatz, spricht man auch von einem univariaten Versuchsplan bzw. Design. Ein Experiment mit zwei abhängigen Variablen wird als bivariates Design bezeichnet. Ein trivariater Versuchsplan umfasst drei abhängige Variablen. Häufig kennzeichnet man ein Experiment mit mehr als einer abhängigen Variablen auch als multivariates Design.

  - **Drittvariablen:** Drittvariablen stellen einen Oberbegriff für alle Variablen dar, die weder als unabhängige noch als abhängige Variablen zu bezeichnen sind. Sie können als Moderatorvariablen in Erscheinung treten und somit den Zusammenhang zwischen der unabhängigen und abhängigen Variable beeinflussen (moderieren). In einem entwicklungspsychologischen Experiment könnte man zum Beispiel die Intelligenz der Probanden erfassen und bei der Datenauswertung (Kapitel 5) als Drittvariable berücksichtigen. In diesem Fall wird die Drittvariable Intelligenz auch Organismusvariable genannt. Wird die Drittvariable nicht erfasst, spricht man von einer Störvariablen.

- **Zufallszuweisung:** Versuchsteilnehmer werden randomisiert, d.h. zufällig auf die einzelnen Versuchsbedingungen zugewiesen. In diesem Fall spricht man von einem experimentellen Zufallsversuchsplan. Alternativ findet manchmal auch eine Parallelisierung statt. Dabei wird eine Drittvariable (z.B. Intelligenz) vorab gemessen. Anschließend werden Gruppen mit ähnlichen Merkmalsausprägungen gebildet (zum Beispiel immer zwei Personen, die in etwa den gleichen IQ-Wert aufweisen). Jeweils eine Person aus einer Gruppe wird zufällig einer der Versuchsbedingungen zugeordnet. Handelt es sich um eine messwiederholte unabhängige Variable, dann entfällt die Zufallszuweisung, da die Probanden unter sämtlichen Faktorstufen der unabhängigen Variable getestet werden (siehe oben).

Angenommen, in einem Experiment werden die Behaltens- und Verständnisleistungen von Versuchspersonen erfasst. Geprüft werden soll, ob die Schriftgröße eines dargebotenen Lerntextes auf diese beiden abhängigen Variablen einen Einfluss besitzt. Dazu erhalten die Versuchsteilnehmer einen Text in einer von vier verschiedenen Schriftgrößen (Schriftgröße 8, 10, 12 oder 14). Außerdem soll ermittelt werden, ob der Zeitpunkt des Lerntests von Bedeutung ist. Daher werden die Behaltens- und Verständnisleistungen zu drei Zeitpunkten wiederholt erfasst – direkt nach Darbietung des Lerntextes sowie eine Woche und vier Wochen später. Des Weiteren könnte man überprüfen, ob hinzugenommene Bilder im Lerntext die Behaltens- und Verständnisleistungen beeinflussen. Dazu werden entweder informative Bilder oder nicht unmittelbar für das Verständnis relevante Bilder in den Lerntext eingefügt. In einer dritten Gruppe wird der Lerntext hingegen ohne Illustrationen präsentiert. Das zu diesem Experiment gehörige Design bezeichnet man als 4x3x3-faktoriellen, bivariaten Zufallsversuchsplan mit Messwiederholung auf dem zweiten Faktor. Die beiden abhängigen Variablen stellen die Behaltens- und Verständnisleistungen dar. Die vierfachgestufte Variable Schriftgröße und die dreifachgestufte Variable Bilder werden ohne Messwiederholung variiert, während der Zeitpunkt der Lernüberprüfung messwiederholt ist.

Beispiel

Experimente lassen sich mit anderen Methoden der Datenerhebung kombinieren. So kann in einem Experiment beispielsweise die abhängige Variable durch Beobachtung, Befragung oder mit Hilfe eines standardisierten Tests erfasst werden.

Diverse Kombinationsmöglichkeiten

2.6.1 Experimentelle Arten

Folgende experimentelle Arten lassen sich voneinander abgrenzen (vgl. Trautner, 1997):

- **Experiment versus Quasi-Experiment:** Bei einem „echten" Experiment erfolgt eine zufällige Zuweisung der Versuchspersonen auf die verschiedenen Versuchsbedingungen. Alternativ kann auch eine Parallelisierung (siehe oben) zum Einsatz kommen. Bei einem Quasi-Experiment erfolgt keine zufällige Bedingungszuweisung (z.B. bei den quasi-experimentellen Variablen Geschlecht oder Alter). Beispielsweise könnten die Effekte eines Trainingsprogramms in einer Schulklasse erfasst und mit einer anderen Schulklasse als Kontrollgruppe verglichen werden, die dieses Programm nicht erhält. Unterschiede in den beiden Gruppen können durch die fehlende Randomisierung nicht eindeutig auf das Trainingsprogramm, sondern ebenso auf vorherige Unterschiede in den beiden Schulklassen (z.B. deren durchschnittliche Intelligenz) zurückgeführt werden.

- **Hypothesenerkundung versus Hypothesentestung:** Erkundungsexperimente dienen dazu, Hypothesen für ein nachfolgendes Experiment zu generieren. Sollen in dem Experiment Hypothesen hingegen überprüft werden, sollten diese vor Durchführung des Experiments explizit formuliert werden. Idealerweise können diese Hypothesen aus Theorien abgeleitet werden, auf die sich das Experiment bezieht.

- **Labor- versus Feldexperiment:** Ähnlich wie bei der Unterscheidung zwischen Labor- und Feldbeobachtungen (Kapitel 2.3.1) kann man bei experimentellen Studien zwischen Labor- und Feldexperimenten unterscheiden. In beiden Fällen erfolgt eine gezielte Manipulation und Variation der unabhängigen Variablen. Im Gegensatz zum Laborexperiment findet das Feldexperiment unter ansonsten natürlichen Bedingungen statt. Hierdurch kann sich die Kontrolle von Störvariablen als schwierig erweisen und die interne Validität (Kapitel 3.6.4) des Experiments gefährden. Computerexperimente können an einem Rechner im Labor oder beispielsweise am Heim-Computer der Versuchsperson durchgeführt werden (Vadillo & Matute, 2009).

- **Trainings- versus Deprivationsexperiment:** Bei Trainings- und Deprivationsexperimenten werden Erfahrungseinflüsse auf Probanden kontrolliert. Im Trainingsexperiment sollen Entwicklungsprozesse durch Übungsprozesse beschleunigt, optimiert oder modifiziert werden. Die Ergebnisse einer Trainingsgruppe werden dafür mit einer Kontrollgruppe verglichen, die kein Training oder ein anderes Training erhalten hat. Im Deprivationsexperiment werden die Erfahrungsmöglichkeiten der Versuchsteilnehmer hingegen eingeschränkt (z.B. durch das Abkleben eines Auges). Folglich kann die Entwicklung verlangsamt oder ganz unterdrückt werden, was für die Bedeutsamkeit dieser Umwelteinflüsse spricht. Häufig verbieten sich Deprivationsexperimente aus ethischen Gründen.

- **Simulation der normalen Entwicklung:** Bei der Simulation der normalen Entwicklung im Experiment werden langfristige Verhaltensänderungen oder interindividuelle Entwicklungsunterschiede durch systematische Variation der hierfür vermuteten Bedingungen experimentell hervorgerufen oder verringert. Zum Beispiel könnte man versuchen, das schlechtere Abschneiden von älteren Menschen in einem Konzentrationstest durch die provozierte Ermüdung jüngerer Menschen zu reproduzieren. Ziel wäre dabei die Prüfung der Hypothese, dass schlechtere Konzentrationsleistungen älterer Menschen (zum Teil) auf Ermüdungseffekte zurückzuführen sind.

Im Rahmen der Kleinkindforschung unterscheidet man folgende experimentelle Formen (Lohaus, 2007):

- **Präferenzparadigma:** Beim Präferenzparadigma werden zwei oder mehr Reize (Stimuli) dargeboten und aus der Reaktion des Kleinkindes auf seine Reizpräferenz geschlossen. Beispielsweise könnte man Säuglingen verschiedene Gesichter präsentieren und ihre Blickzuwendungen erfassen. Auch auditive Stimuli können eingesetzt werden, in denen etwa verschiedene Stimmen (z.B. der Mutter oder einer fremden Person) vorgespielt werden und die Saugreaktion der Kinder in Abhängigkeit dieser Stimmen aufgezeichnet werden.

- **Habituations-Dishabituations-Paradigma:** Werden die Reize nicht gleichzeitig (simultan) wie beim Präferenzparadigma, sondern nacheinander (sukzessiv) präsentiert, spricht man vom Habituations-Dishabituations-Paradigma. Nach Darbietung mehrerer, bereits bekannter Stimuli (z.B. verschiedene Katzenfotos) wird zunächst eine Reizgewöhnung (Habituation) des Kindes vermutet. Erfolgt nun die Präsentation eines unvertrauten Reizes (z.B. eines Hundefotos), so kann man aufgrund einer Orientierungsreaktion des Säuglings annehmen, dass dieser den neuen Stimulus von den bereits vertrauten Reizen unterscheiden kann. Das Kind betrachtet etwa den neuen, unbekannten Reiz länger als die zuvor dargebotenen Reize.

- **Erwartungs-Induktions-Paradigma:** Bei diesem Paradigma wird ebenfalls eine Reizserie dargeboten, wobei hier eine Beziehung zwischen den Reizen hergestellt (induziert) werden soll. Zum Beispiel präsentiert man Säuglingen geometrische Objekte im oberen Bildschirmbereich. Immer wenn ein Kreis erscheint, wird kurz darauf im unteren Bildschirmbereich ein weiterer Stimulus dargeboten. Die Kleinkinder sollen diesen Zusammenhang entdecken und den zweiten Reiz im Laufe der Untersuchung antizipieren. In diesem Fall sollten sie vorab in Richtung des erwarteten Reizes blicken. Die dargebotenen Zusammenhänge können auch abhängig von eigenen Handlungen sein, wie etwa eigene Beinbewegungen und einer daraufhin auftretenden Bewegung eines Mobiles, welches mit dem Bein verbunden ist.

- **Erwartungs-Enttäuschungs-Paradigma:** Während beim Erwartungs-Induktions-Paradigma durch Reizdarbietungen Erwartungen aufgebaut werden, nimmt diese experimentelle Beobachtungsform an, dass Erwartungen bereits bestehen. Als Gründe vermutet man frühere Lernerfahrungen oder genetische Ursachen. Werden die vorhandenen Erwartungen enttäuscht, so sollte dies in den Reaktionen des Säuglings deutlich werden. Beispielsweise kann man Kleinkindern ein physikalischen Gesetzmäßigkeiten widersprechendes Ereignis (z.B. ein aus eigenem Antrieb nach oben springender Stein) präsentieren und prüfen, ob Säuglinge anders darauf reagieren (z.B. dieses Ereignis länger betrachten) als auf ein physikalisch mögliches Ereignis.

- **Paradigma der verzögerten Nachahmung:** Beim Paradigma der verzögerten Nachahmung spielt das Modelllernen eine wesentliche Rolle. Kleinkindern wird eine Modellhandlung gezeigt. Beispielsweise werden aggressive oder prosoziale Verhaltensweisen an einer Spielpuppe vorgeführt. Beim späteren Spiel mit dieser Puppe kann geprüft werden, ob Kindern, denen aggressive Verhaltensweisen gezeigt wurden, häufiger selbst derartige Handlungen durchführen als Kinder in der prosozialen Gruppe. Ist dies der Fall, geht man von einer Speicherung dieser Verhaltensweisen aus. Dieses Paradigma setzt im Vergleich zu den zuvor dargestellten Paradigmen in stärkerem Maße motorische Reproduktionskompetenzen voraus.

2.6.2 Beispiel: Ein fMRT-Experiment zur Emotionsregulation

fMRT

In einem Experiment von Perlman und Pelphrey (2010) wurde die Emotionsregulation von fünf bis elf Jahre alten Kindern untersucht. Dabei kam die funktionelle Magnetresonanztomographie (fMRT bzw. im Englischen fMRI für functional magnetic resonance imaging) zum Einsatz. Hierbei handelt es sich um ein bildgebendes Verfahren, welches unter anderem dazu dient, Durchblutungsänderungen im Gehirn sichtbar zu machen. Auf Basis der Durchblutung wird auf die neuronale Aktivität im Gehirn geschlossen. Um festzustellen, welche Gehirnbereiche an bestimmten geistigen Aufgaben beteiligt sind, wird die Durchblutung einzelner Areale einmal mit und einmal ohne diese Aufgabe verglichen. Zeigen sich zwischen diesen beiden Bedingungen bedeutsame Unterschiede, geht man davon aus, dass diese Gehirnbereiche an der geistigen Aufgabe beteiligt sind.

Unabhängige Variablen

Das Experiment von Perlman und Pelphrey (2010) induzierte als unabhängige Variable nacheinander verschiedene Emotionen während der Darbietung von Gesichtern. Dazu wurden bei einem Spiel, bei dem die untersuchten Kinder auf verschiedene Alltagsgegenstände per Knopfdruck reagieren sollten, im ersten Versuchsabschnitt positive Emotionen erzeugt, indem der Punktestand der Kinder kontinuierlich zunahm. Im zweiten Versuchsabschnitt reduzierte sich der erreichte Punktestand drastisch. So sollten die Probanden frustriert und negative Emotionen induziert werden. Im dritten Versuchsabschnitt stellte man den Punktestand wieder her. Als quasi-experimentelle Variablen wurde das Alter der Kinder ermittelt und deren Temperament mit einem Fragebogen erfasst.

Abhängige Variablen

Als abhängige Variable wurde auf Durchblutungsänderungen in Bereichen des präfrontalen Cortex (PFC) zurückgegriffen. Der PFC stellt die am höchsten vernetzte Region des Cortex dar (z.B. Kaplan, Şengör, Gürvit, Genç, & Güzeliş, 2006). Er beansprucht etwa 30% der cerebralen Hemisphären des menschlichen Gehirns und erhält u.a. von übergeordneten sensorischen Zentren Informationen, wobei er auch mit dem Arbeitsgedächtnis in Verbindung gebracht wird (Kandel, Schwartz, & Jessell, 1995). In der Studie von Perlman und Pelphrey (2010) wurden die Auswirkungen der unabhängigen Variablen auf die Durchblutung im dorsalen und ventralen Bereich des anterioren cingulären Cortex (ACC) untersucht, der eine bestimmte Region im PFC darstellt und bei der Emotionsregulation eine wichtige Rolle spielt. Während der dorsale Bereich des ACC eher für kognitive Emotionsstrategien verantwortlich zu sein scheint, wird der ventrale Bereich vor allem mit emotionalen Bewältigungsstrategien in Verbindung gebracht.

Die Ergebnisse des Experiments zeigen, dass mit steigendem Alter der Kinder der dorsale Bereich des ACC stärker aktiviert war. Der ventrale Bereich des ACC war hingegen umso stärker aktiviert, je jünger die Kinder waren. Das deutet darauf hin, dass sich bei Kindern im Alter zwischen fünf und elf Jahren ein Wechsel der Emotionsregulation von eher emotionalen Bewältigungsstrategien hin zu eher kognitiven Emotionsstrategien stattfindet. Des Weiteren fand sich bei Kindern mit erhöhter Ängstlichkeit eine erhöhte Aktivität im ventralen Bereich des ACC, während bei Kindern mit geringerer Ängstlichkeit der dorsale Bereich des ACC stärker aktiviert war. Diese Befunde weisen eine neurobiologische Basis bezüglich der interindividuellen Unterschiede bei der Entwicklung der Emotionsregulation nach.

Perlman und Pelphrey (2010) merken in ihrer Arbeit selbst an, dass die Ergebnisse durch die feste Reihenfolge bei der Emotionsinduktion eingeschränkt werden. Es bleibt hierdurch unklar, ob eine andere Reihenfolge bei der Erzeugung von Emotionen zu anderen Ergebnissen geführt hätte. Zudem weisen die Forscher darauf hin, dass man neben einem Fragenbogen zur Erfassung des kindlichen Temperamentes auch auf physiologische Maße (z.B. die Herzrate oder die Hautleitfähigkeit) hätte zurückgreifen können. Darüber hinaus klärt das Experiment lediglich auf, *wo* die Emotionsregulation im menschlichen Gehirn unter anderem stattfindet. Die genauen neuronalen Prozesse bleiben indes unklar. Zur Aufklärung dieser Prozesse könnte diese Untersuchung gewinnbringend mit konnektionistischen Modellen ergänzt werden, die im Kapitel 2.8 zu Computersimulationen eingehend erörtert werden.

Ergebnisse

Kritik

2.6.3 Bewertung

Die Durchführung von Experimenten zur Datenerhebung besitzt mehrere Vorteile (vgl. Trautner, 1997):

Vorteile

- **Entdeckung kausaler Zusammenhänge:** Die Aufdeckung kausaler Zusammenhänge ist mit einem „echten" Experiment als Datenerhebungsmethode noch am ehesten möglich. Gleichwohl verbleiben auch nach Durchführung eines Experiments in vielen Arbeiten noch zahlreiche Alternativerklärungen, auf die sich die Befunde ebenfalls zurückführen lassen.

- **Hypothesenprüfung:** Nach Durchführung und Auswertung eines gut geplanten Experiments kann man sich häufig für oder gegen eine zuvor aufgestellte Hypothese entscheiden. Diese Hypothesentestung ist bei anderen Formen der Datenerhebung nicht oder nur in deutlich eingeschränktem Umfang möglich.

- **Eliminierung oder Kontrolle von Störfaktoren:** Potentiell auftretende Störfaktoren können im Rahmen eines Experiments kontrolliert oder beseitigt werden. Ziel ist dabei, die Veränderungen der abhängigen Variablen eindeutig auf vorgenommene Änderungen der unabhängigen Variablen zurückführen zu können.

Nachteile Auch wenn Experimente bei einigen Forschern als „Königsweg" zur Erkenntnisgewinnung gelten, besitzen auch sie mehrere Nachteile (vgl. Trautner, 1997):

- **Fragwürdige Generalisierbarkeit:** Aufgrund der – häufig künstlichen – Versuchssituation sowie der zeitlichen Komprimierung der Studie ist es fraglich, ob sich die gefundenen Ergebnisse verallgemeinern lassen. Beispielsweise ist unklar, ob die Resultate aus einem halbstündigen und mit Versuchspersonenstunden vergüteten Lernexperiment auf längerfristige Lernprozesse im Vorfeld von Prüfungen übertragbar sind.

- **Organismusvariablen nicht experimentell variierbar:** Bestimmte Variablen wie Alter, Geschlecht oder soziale Schichtzugehörigkeit lassen sich nicht experimentell manipulieren, sondern können lediglich als Drittvariable im Experiment erfasst werden. Viele dieser Organismusvariablen wie etwa das Alter spielen jedoch in der Entwicklungspsychologie eine wichtige Rolle.

- **Ethische Grenzen:** Die experimentelle Variation kann nicht beliebig durchgeführt werden, sondern unterliegt ethischen Grenzen. Beispielsweise verbietet sich die Durchführung eines Deprivationsexperiments, in welchem Kindern jeglicher Sozialkontakt für einen längeren Zeitraum vorenthalten wird, um den Umwelteinfluss auf die spätere soziale Entwicklung zu prüfen.

2.7 Projektives Verfahren

Definition Bei projektiven Verfahren handelt es sich um eine Form der Datenerhebung, bei der mehrdeutige Reizmaterialien oder Aufgabensituationen zur Deutung bzw. Bearbeitung vorgegeben werden.

Ziel Durch das uneindeutige Reizmaterial sollen Personen zu Projektionen eigener Denkweisen, Gefühle, Motive oder Verhaltensweisen gegenüber dem dargebotenen Material angeregt werden.

2.7.1 Formen projektiver Verfahren

Beispielhaft werden eine Reihe projektiver Verfahren vorgestellt:

- **Rorschachtest:** Der nach dem Schweizer Psychiater Hermann Rorschach benannte projektive Test verwendet als mehrdeutige Reizmaterialien zehn verschiedene, zum Teil farbige Tintenklecksbilder (Abb. 5). Probanden sollen beschreiben, was sie auf diesen Bildern erkennen. Die Antworten werden nach verschiedenen Kriterien (z.B. Form, Farbe, Lokalisation, Originalität) bewertet, wobei Auswertung und Interpretation viel Erfahrung voraussetzen.

Mittlerweile existieren zum Test allerdings auch detaillierte Auswertungs- und Interpretationsregeln sowie Normwerte für Kinder und Erwachsene.

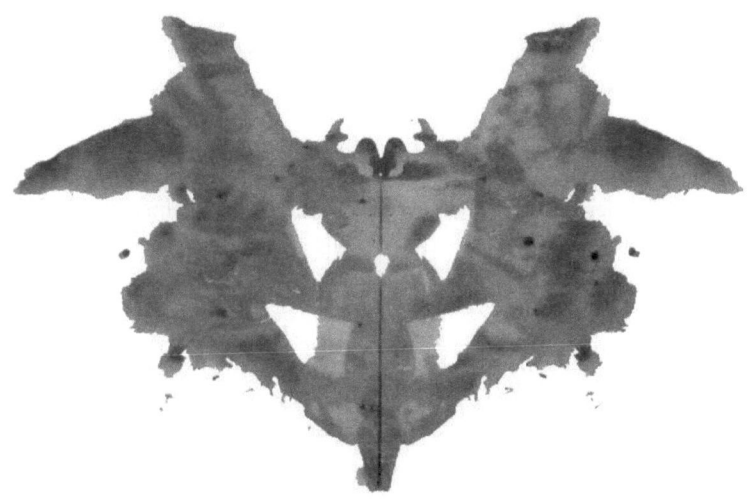

Abb. 5: Das erste Faltbild des Rorschachtests. Quelle: Wikipedia.

- **Thematischer Apperzeptionstest (TAT):** Der TAT vom Psychiater Henry A. Murray und seiner Studentin Christiana Morgan greift auf insgesamt 31 verschiedene schwarz-weiße Bildtafeln zurück, die zumeist Menschen in uneindeutigen Alltagssituationen zeigen. Eine der Tafeln ist hingegen vollkommen leer. Die Versuchspersonen erhalten meist fünf bis 12 Bildtafeln und sollen zu jeder gezeigten Tafel eine dramatische Geschichte erzählen. Dabei soll erörtert werden, wie es zu dieser Situation kam, was die Personen fühlen und denken und wie die Geschichte ausgehen wird.

- **Children's Apperception Test (CAT):** Der CAT ist ein projektives Verfahren für Kinder, welches von Bellak stammt und auf den TAT zurückgeht. Es besteht aus zehn ebenfalls mehrdeutigen Bildtafeln, wobei hier Tiere in verschiedenen Situationen dargestellt werden. Kinder werden gebeten, zu jeder Bildtafel eine Geschichte zu erzählen.

- **Rosenzweig Picture-Frustration-Test (PFT):** Der PFT von Rosenzweig liegt sowohl in einer Form für Kinder als auch in einer für Jugendliche und Erwachsene vor. Bei diesem projektiven Verfahren werden 24 skizzenartig gezeichnete Situationen vorgegeben, bei denen eine Person eine provokative und frustrierende Aussage an eine zweite richtet. Der Proband soll die Antworten der zweiten Personen assoziativ ergänzen. Mit diesem Test soll die Frustrationstoleranz (Belastbarkeit in sozialen Konfliktsituationen) gemessen werden.

- **Scenotest:** Beim Scenotest, der zur Erfassung unbewusster Probleme von Kindern und Jugendlichen entwickelt wurde, kommen verschiedene Spielfiguren zum Einsatz. Mit diesen sollen die Probanden eine Szene gestalten, mit deren Hilfe beispielsweise Ängste und Wünsche offengelegt werden sollen. Die Auswertung dieser Szene kann nach verschiedenen Aspekten wie etwa inhaltlichen oder formalen Gesichtspunkten erfolgen.

- **Welttest:** Dieser von Charlotte Bühler entwickelte Test wurde vorwiegend in der Entwicklungspsychologie eingesetzt. Kinder sollen verschiedene Anordnungen von Spielfiguren interpretieren, die unterschiedliche Tierarten repräsentieren. Dabei können auch ergänzende Fragestellungen eingesetzt werden, bei denen die Probanden etwa eine Auswahl hinsichtlich ihrer Klassensituation oder Ähnlichem vornehmen sollen.

- **Wartegg-Zeichentest:** Beim Wartegg-Zeichentest werden acht verschiedene Anfangssymbole vorgegeben, die von den Probanden zeichnerisch vervollständigt werden sollen (Abb. 6). Angenommen wird, dass die Anfangssymbole archetypische Funktionen besitzen. Der Test kann sowohl bei Kindern als auch bei Erwachsenen eingesetzt werden.

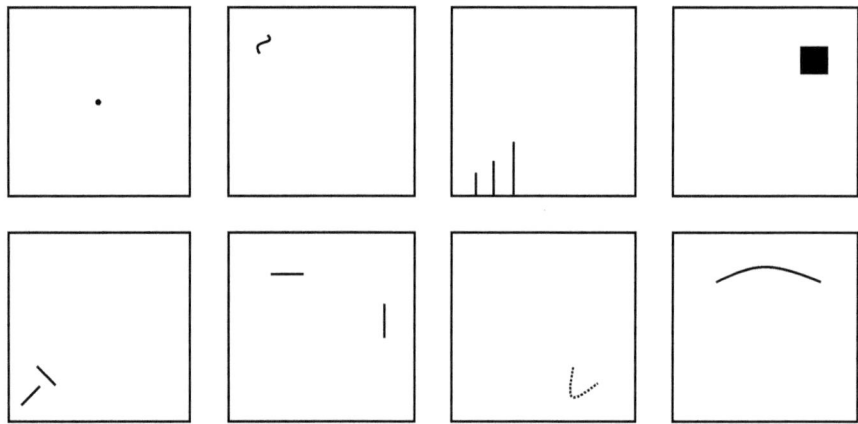

Abb. 6: Anfangssymbole des Wartegg-Zeichentests. Die Symbole wurden nachgezeichnet und entsprechen daher nur ungefähr den tatsächlichen Symbolen.

- **Baumtest:** Beim Baumtest sollen die Probanden einen Baum zeichnen. Vermutet wird, dass der Zeichner eigene Gefühle und Denkweisen in seine Zeichnung projiziert. Der Test soll auch Hinweise über die Intelligenz und den Entwicklungsstand einer Person liefern. Die Auswertung ist im Vergleich zur Testanwendung aufwändig und setzt einen erfahrenen Interpreten voraus.

- **Familie in Tieren (FIT):** Bei diesem projektiven Verfahren werden Kinder aufgefordert, sich ihre Familie in Tieren vorzustellen und diese zu zeichnen.

Dadurch soll beispielsweise die Darstellung familiärer Konflikte ohne den Rückgriff auf Sprache ermöglicht werden. Auch bei diesem Verfahren ist die Auswertung und Interpretation der Zeichnungen aufwändig und schwierig.

- **Die verzauberte Familie:** Bei der verzauberten Familie soll sich das Kind vorstellen, dass ein Zauberer die eigene Familie verzaubert habe. Es wird ferner aufgefordert, das Geschehnis zu zeichnen und im Anschluss eine Geschichte der Verzauberung zu erzählen.

2.7.2 Beispiel: Testgütekriterien ausgewählter projektiver Verfahren

Die Forscher Lilienfeld, Wood und Garb (2001) haben einen Literaturüberblick über verschiedene projektive Verfahren erstellt. Dabei wurden die Verfahren nach sogenannten Testgütekriterien bewertet, die im Kapitel 3 eingehend erörtert werden. Im Fokus standen der Rorschachtest, der TAT und Zeichentests wie etwa der Baumtest. Insgesamt zeigten diese projektiven Verfahren in vielen Untersuchungen erhebliche Schwächen hinsichtlich der Haupttestgütekriterien. Die Ergebnisse waren häufig abhängig vom Begutachter (nicht objektiv), ungenau (unreliabel) und maßen nicht das, was sie zu messen vorgaben (nicht valide). Nach den Autoren stützten nur wenige Studien projektive Testverfahren. Trotz dieser Ergebnisse setzen klinische Psychologen laut einer in Amerika durchgeführten Befragung aus dem Jahr 1995 diese Verfahren weiterhin überaus häufig ein. So gaben 43% der Befragten an, den Rohrschachtest durchgängig oder häufig zu verwenden. 82% der befragten klinischen Psychologen nutzten den Test zumindest gelegentlich. Beim TAT lagen die Angaben auf einem ähnlichen Niveau (34% durchgängige oder häufige, 82% gelegentliche Verwendung).

Überblick

Nachfolgend sollen die Ergebnisse der Studie im Detail erörtert werden:

Ergebnisse im Detail

- **Rorschachtest:** Mit Hilfe des Rorschachtests kann man die meisten psychischen Störungen *nicht* valide erfassen. Darunter zählen unter anderem Depressionen, Ängstlichkeitsstörungen sowie bestimmte Persönlichkeitsstörungen. Ausnahmen bilden lediglich die Schizophrenie und wenige andere psychische Störungen wie die bipolare affektive Störung. Auch Neigungen zu Gewalttätigkeit, Impulsivität, kriminellem Verhalten oder sexuellem Missbrauch werden in der Regel durch den Test nicht erkannt. Weitere Probleme des Rorschachtests betreffen die fragwürdige Repräsentativität der verwendeten Normen (insbesondere für Bevölkerungsminderheiten) sowie Mängel in der Begutachterunabhängigkeit.

- **Thematischer Apperzeptionstest:** Der TAT ist gewöhnlich nicht standardisiert. Klinische Psychologen präsentieren unterschiedliche Bildtafeln in unterschiedlicher Anzahl aus dem Tafelsatz. Die dazu erzählten Geschichten werden in aller Regel intuitiv interpretiert. Die Retest-Reliabilität, d.h. der Zusammenhang zwischen zwei Ergebnissen des Tests, die zu zwei unterschiedlichen Zeitpunkten an derselben Stichprobe erhoben wurden, fällt gering aus. Außerdem werden Personen mit psychischen Störungen nicht erfolgreich von Personen ohne solche Störungen abgegrenzt. Lediglich einige wenige standardisierte Bewertungssysteme zum TAT schätzen beispielsweise das Leistungsbedürfnis von Menschen richtig ein.

- **Zeichentests:** Unter Zeichentests werden hier projektive Verfahren verstanden, bei denen eine Person ein Bild zeichnen soll. Zum Beispiel soll eine Person ein Haus oder einen Baum (siehe Baumtest) zeichnen. Die Begutachterunabhängigkeit dieser Verfahren ist dabei uneinheitlich. Die durchgeführten Studien zu Zeichentests weisen nicht eindeutig nach, dass Zeichentests bestimmte Persönlichkeitseigenschaften, psychische Störungen oder sexuellen Missbrauch valide erfassen. Lediglich im Gruppenmittel besitzen Personen, die menschliche Gestalten in einem kranken Zustand zeichnen, eine erhöhte Wahrscheinlichkeit einer psychischen Störung. Andererseits neigen klinisch tätige Psychologen und Ärzte nachweislich dazu, gesunden Personen eine psychische Störung zuzuschreiben, sofern sie nicht über künstlerische (Zeichen-)Fähigkeiten verfügen. Globale Bewertungssysteme, die nicht auf der Interpretation einzelner Elemente in den Zeichnungen basieren, sondern zahlreiche Aspekte der Zeichnung zu einer generellen Einschätzung bündeln, können die Güte von Zeichentests verbessern. Hierdurch konnten Personen ohne Störungen von solchen mit Angststörungen erfolgreich abgegrenzt werden.

- **Weitere Ergebnisse:** Auch bei anderen projektiven Verfahren sind die aufgeführten Untersuchungsergebnisse insgesamt ernüchternd. Allerdings konnte beim PFT von Rosenzweig die Aggressivität von Kindern erfolgreich vorhergesagt werden. Ein projektiver Test, bei dem die Probanden einen Satzanfang beenden sollten (z.B. den Satzanfang „Wenn ich doch nur…"), erwies sich als valides Messinstrument für die Konstrukte Moralität und Empathie.

2.7.3 Bewertung

Vorteile

Als Vorteile projektiver Verfahren werden folgende Aspekte aufgeführt:

- **Geringere Anfälligkeit gegenüber sozialer Erwünschtheit:** Projektive Verfahren gelten im Vergleich zu Befragungen als weniger anfällig gegenüber dem Problem, dass Probanden sozial erwünschte Antworten abgeben. Oft ist der Zweck einer herkömmlichen Befragung leichter zu durchschauen als bei einem projektiven Verfahren.

- **Erfassung unbewusster Motive und Persönlichkeitsanteile:** Befürworter projektiver Verfahren vermuten, dass sich durch diese auch unbewusste Motive und Persönlichkeitsanteile erfassen lassen, die durch gewöhnliche Tests nicht aufgedeckt werden können.

Nachteile

Nachteile besitzen projektive Verfahren im Hinblick auf folgende Punkte (vgl. Lilienfeld, et al., 2001; Trautner, 1997):

- **Schwächen hinsichtlich der Testgütekriterien:** Projektive Verfahren weisen zumeist erhebliche Schwächen bezüglich der Testgütekriterien auf, die im Kapitel 3 eingehend erörtert werden. Einen besonderen Kritikpunkt stellt in diesem Zusammenhang die starke Auswerterabhängigkeit projektiver Verfahren dar.

- **Starke Auswerterabhängigkeit:** Einige der aufgeführten projektiven Verfahren sind in starkem Maße abhängig vom Auswerter. Zudem wird bei einzelnen Verfahren auch eine große Erfahrung des Auswerters benötigt.

- **Hoher Aufwand:** Projektive Verfahren sind meist mit einem erheblichen Aufwand verbunden. Beispielsweise ist die Auswertung der erzählten Geschichten im Rahmen des Thematischen Apperzeptionstests zeit- und arbeitsintensiv.

- **Für klinische Diagnostik konzipiert:** Projektive Verfahren wurden zumeist für die klinische Diagnostik konzipiert und gelten als weniger geeignet für die Erfassung der normalen Verhaltensentwicklung. Sie kommen daher in der Entwicklungspsychologie nur selten zum Einsatz.

2.8 Computersimulation

Definition

Eine Computersimulation ist unter anderem eine Form der Datengenerierung, bei der menschliches Verhalten und Erleben als Computermodell nachgebildet werden.

Im Gegensatz zu den zuvor besprochenen Verfahren werden bei der Computersimulation keine Daten erhoben. Stattdessen werden Daten durch ein Computerprogramm generiert. Häufig kommen dabei konnektionistische Modelle zum Einsatz.

Konnektionistische Modelle bestehen aus vielen einfachen Einheiten, die miteinander vernetzt sind (Rey, 2009). Eine häufig verwendete Umsetzung konnektionistischer Modelle sind künstliche neuronale Netze. Häufig werden die Begriffe Konnektionismus und (künstliche) neuronale Netze auch gleichgesetzt. Neuronale Netze stellen einen Oberbegriff dar, der zahlreiche, zum Teil sehr unterschiedliche Modelle umfasst (Rey & Wender, 2010; siehe auch www.neuronalesnetz.de).

Konnektionistische Modelle

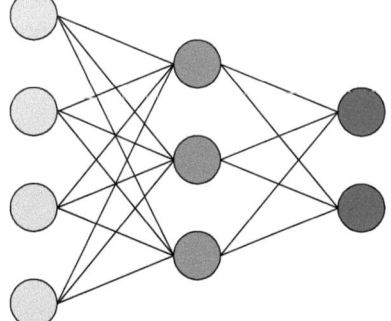

Abb. 7: Schematische Darstellung eines neuronalen Netzes. Informationen werden von links nach rechts verarbeitet. Die drei in der Mitte befindlichen Neuronen stellen Hidden-Units dar.

Diese Modelle können unter anderem dazu eingesetzt werden, menschliches Verhalten und Erleben bzw. deren zugrunde liegende Gehirnprozesse am Computer zu simulieren und dadurch besser zu verstehen. Sie lassen sich aber ebenso als statistische Verfahren bei der Datenauswertung einsetzen (Kapitel 5). Aufgrund der Fülle der Anwendungsbereiche ist verständlich, warum *keine* allgemein anerkannte Definition zu neuronalen Netzen existiert. Gemeinsam ist den verschiedenen Modellen aber, dass bei diesen – wie bei anderen statistischen Verfahren auch – Matrizenberechnungen durchgeführt werden und dabei Informationen aufgenommen, verarbeitet und ausgegeben werden (Rey & Wender, 2010):

- **Informationsaufnahme:** Zunächst werden dem Netz (wiederholt) Informationen in Form von Zahlen als Eingabe zur Verfügung gestellt.

- **Informationsverarbeitung und Netzmodifikation:** Mit Hilfe dieser „Zahlenbündel" und bestimmter Umformungsregeln wird das Netz verändert. Die Veränderung des Netzes, d.h. der Lernprozess, findet typischerweise in einer Vielzahl von Schritten statt. Die dazu notwendigen – oftmals sehr umfangreichen – (Matrizen-)Berechnungen werden an Computern vorgenommen. Während und nach den Berechnungen zur Umformung des Netzes durchlaufen Informationen das neuronale Netz. Diese Zahlen werden durch das Netz modifiziert und verlassen dieses anschließend wieder – ebenfalls in Form eines Zahlenbündels.

- **Informationsausgabe:** Die Informationsausgabe stellt die „Antwort" des Netzes auf die vorangegangene Eingabe dar.

Ziele

Folgende Ziele werden durch Computersimulationen verfolgt (vgl. Wender, 1992):

- **Modellierung:** Zentrales Ziel einer Computersimulation ist die Modellierung menschlichen Verhaltens und Erlebens. Dabei soll die Simulation nicht nur erfolgreiche menschliche Verhaltensweisen möglichst exakt abbilden, sondern auch fehlerhaftes Verhalten modellieren.

- **Erklärung:** Computersimulationen lassen sich als Werkzeuge zur Theorienbildung und -präzisierung sowie zur Erklärung menschlichen Verhaltens und Erlebens einsetzen.

- **Hypothesengenerierung:** Aufgrund der Ergebnisse einer durchgeführten Computersimulation lassen sich neue Hypothesen ableiten und an einer empirischen Stichprobe überprüfen. Hierbei können beispielsweise Beobachtungs- oder Befragungsmethoden eingesetzt werden.

- **Vorhersage:** Mit Hilfe des Computerprogrammes soll das Verhalten und Erleben von Menschen möglichst genau vorhergesagt werden.

2.8.1 Formen von Computersimulationen

Computersimulationen, die auf künstliche neuronale Netze zurückgreifen, lassen sich im Hinblick auf folgende Aspekte unterscheiden (vgl. Rey & Wender, 2010):

- **Existenz von Hidden-Units:** Hidden-Units sind Einheiten, die sich zwischen der Input- und Output-Schicht befinden. Neuronale Netze können unter anderem danach klassifiziert werden, ob Hidden-Units enthalten sind.

- **Art und Weise des Lernprozesses:** Grundsätzlich kann man im Hinblick auf den Lernprozess folgende Arten voneinander unterscheiden:

  - **Supervised learning:** Supervised learning bezeichnet man auch als überwachtes oder beaufsichtigtes Lernen. Der korrekte Output – auch als Zielmuster oder teaching vector bezeichnet – wird vorgegeben und an diesem werden die Gewichte (Zahlen, welche die Verbindungsstärke zwischen einzelnen Neuronen in künstlichen neuronalen Netzen charakterisieren) optimiert.

  - **Reinforcement learning:** Beim bestärkenden oder auch verstärkenden Lernen wird dem neuronalen Netz im Gegensatz zum supervised learning lediglich mitgeteilt, ob die produzierte Ausgabe richtig oder falsch war, nicht jedoch, was der exakte Output gewesen wäre.

  - **Unsupervised learning:** Beim nicht überwachten bzw. unbeaufsichtigten Lernen – auch als self-organized learning bezeichnet – wird kein Output vorgegeben. Die Gewichtsveränderungen erfolgen in Abhängigkeit der Ähnlichkeit der Inputreize.

  - **Direct design methods:** Direkte Designmethoden, auch hardwired systems genannt, zeichnen sich dadurch aus, dass die Gewichte hier nicht verändert werden, sondern die Verschaltung vorab festgelegt wird.

- **Existenz von Rückkopplungen:** Eine weitere Unterscheidung betrifft die Existenz von Rückkopplungen von Neuronen zu anderen Einheiten derselben oder einer vorangegangenen Schicht. Mit diesen Rückkoppelungen werden zumeist zeitlich codierte Informationen in den Daten abgebildet (man spricht daher auch von zeitrekurrenten Netzen). Man unterscheidet:

  - **Feedforward-Netze:** Feedforward-Netze enthalten keine Rückkopplungen. Die Signalweiterleitung erfolgt nur in eine Richtung (unidirektional). Während bei „herkömmlichen" Feedforward-Verbindungen die Signale von Units einer Schicht zu Units der darauffolgenden Schicht weitergegeben werden, können bei sogenannten Shortcut-Verbindungen auch eine oder mehrere (Hidden-) Schichten übersprungen werden.

  - **Direkte Rückkopplungen** (direct feedback): Hier ist eine Unit mit sich selbst verbunden, d.h., dass die

Ausgabe der Einheit zu einem Input der gleichen Einheit wird.

- **Indirekte Rückkopplungen** (in-
direct feedback): In diesem Fall wird
die Ausgabe an vorangegangene
Schichten des neuronalen Netzes zu-
rückgesandt.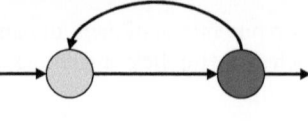

- **Seitliche Rückkopplungen** (lateral feedback): Hier erfolgt die Rückmeldung der Informationen einer Unit an andere Neuronen,
die sich in derselben Schicht befinden. Ein bi-
ologisches Beispiel für solche seitlichen
Rückkopplungen sind die Horizontalzellen im
menschlichen Auge.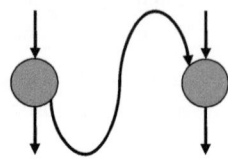

- **Vollständige Verbindungen**: Diese Netze besitzen Verbindungen
zwischen sämtlichen Neuronen, wobei in Abb. 8 keine direkten Rückkopplungen eingezeichnet sind.

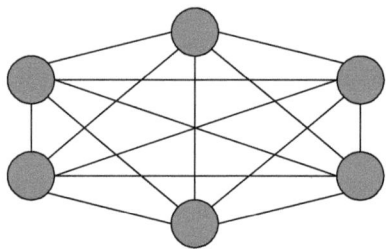

Abb. 8: Neuronales Netz mit vollständigen Verbindungen, ohne direkte Rückkopplungen.

2.8.2 Beispiel: Eine Computersimulation zur kognitiven Repräsentation von Zahlen

Ausgangssituation

Das nachfolgende Beispiel (Rey & Wender, 2010) einer Computersimulation
befasst sich mit der Frage, wie Zahlen kognitiv repräsentiert werden. Während
Computer Zahlen als Binärfolgen, d.h. einer Reihe von Nullen und Einsen, spei-
chern und verarbeiten, ist die Repräsentation und Transformation von Zahlen im
menschlichen Gehirn noch nicht vollständig geklärt. In Untersuchungen hierzu
ist unter anderem der Größeneffekt entdeckt worden – ein stabil auftretendes
Phänomen, welches die Ausgangsbasis für Erklärungsansätze zur Repräsentation
von Zahlen bildet.

Größeneffekt

Der Größeneffekt ist dadurch gekennzeichnet, dass der Vergleich zweier Zahlen
bei gleicher Differenz schneller für kleinere Zahlen (z.B. Zwei und Vier) erfolgt
als für Größere (z.B. Sieben und Neun). Um den Größeneffekt zu erklären, wird
in traditionellen kognitiven Modellen neben einem mentalen Zahlenstrahl eine
von mehreren möglichen Zusatzannahmen getroffen. Empirische Befunde widersprechen den möglichen Zusatzannahmen jedoch. Daher haben Verguts, Fias und

Stevens (2005) ein neues Modell vorgeschlagen, welches den Größeneffekt beim Vergleich zweier Zahlen hinsichtlich ihrer Größe erklären soll. Zugleich soll das Modell ohne die Zusatzannahmen der kognitiven Modelle auskommen und damit besser mit den bisherigen empirischen Befunden vereinbar sein.

Das von Verguts, Fias und Stevens (2005) verwendete neuronale Netz stellte ein Feedforward-Netz mit einer Input-, einer Hidden- und einer Output-Schicht dar (Abb. 9):

Netzaufbau

- **Input-Schicht:** Die Input-Schicht bestand aus 15 Units, wobei jede Einheit eine arabische Zahl repräsentierte. Die erste Unit bildete die Zahl 1 ab, die zweite Einheit die 2 usw. bis zur Zahl 15. Dass genau 15 Zahlen durch das Netz abgebildet werden sollten, wurde durch die Autoren vorab willkürlich festgelegt, wobei verschiedene empirische Studien (unter anderem Butterworth, Zorzi, Girelli, & Jonckheere, 2001) dafür sprachen, zwischen 10 und 20 Zahlen einzusetzen. Zur Präsentation einer bestimmten Zahl wurde die entsprechende Unit auf den Wert Eins gesetzt, wäh-

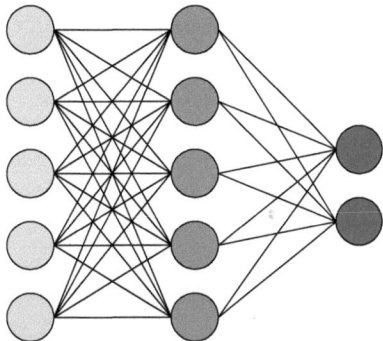

Abb. 9: Schematische Darstellung des neuronalen Netzes von Verguts, Fias und Stevens (2005) für den Größenvergleich zweier Zahlen.

rend allen anderen Einheiten der Wert Null zugewiesen wurde. Sofern in einer Simulation zwei Zahlen hinsichtlich ihrer Größe miteinander verglichen werden sollten, wurde die doppelte Anzahl an Input-Units eingesetzt. Die ersten 15 Neuronen wurden für die erste Zahl, die zweiten 15 Einheiten für die zweite Zahl reserviert.

- **Hidden-Schicht:** Die Hidden-Schicht umfasste wie die Input-Schicht 15 Neuronen, bei der jede Unit ebenfalls eine einzelne Zahl repräsentiert. Die Einheiten sind mit der vorangegangenen Schicht fest verknüpft, so dass jedes Input-Neuron die korrespondierende Hidden-Unit mit maximaler Stärke aktiviert (z.B. die Input-Unit „13" die Hidden-Unit „13"). Die umgebenden Einheiten werden in geringerer Stärke aktiviert und zwar umso schwächer, je weiter sie von der Einheit entfernt sind. Die hierbei verwendete Formel beschreibt einen exponentiellen Verlauf und zwar in beide

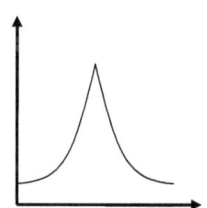

Abb. 10: Eingesetzte „Nachbarschaftsfunktion" in der Hidden-Schicht.

„Richtungen" (größere und kleinere Zahlen) der jeweils ausgewählten Zahl (z.B. 13). Abb. 10 veranschaulicht den Sachverhalt graphisch, wobei sich auf der x-Achse die in eine Rangreihe gebrachten Zahlen befinden, während die y-Achse die Stärke der Aktivierung abbildet. Die „Nachbarschaftsfunktionen" der einzelnen Units der Hidden-Schicht besaßen jeweils den gleichen

Kurvenverlauf mit der gleichen „Breite". Die verwendete Aktivitätsfunktion der Hidden-Units beinhaltete eine fixierte Schwelle. Wie in der Input-Schicht kam auch in der Hidden-Schicht bei einem Vergleich zweier Zahlen hinsichtlich ihrer Größe die doppelte Anzahl an Hidden-Units, d.h. 30 Einheiten, zum Einsatz.

- **Output-Schicht:** Im Gegensatz zur Input- und Hidden-Schicht hing die verwendete Output-Schicht von der Art der Aufgabenstellung ab. Während zur Benennung von Zahlen 15 Output-Einheiten Verwendung fanden, wurden zur Beurteilung, ob es sich um eine gerade oder ungerade Zahl handelte sowie zum Vergleich zweier Zahlen hinsichtlich ihrer Größe, jeweils zwei Output-Units eingesetzt.

Trainingsphase

In der Trainingsphase wurden die korrekten Output-Werte auf Basis der Beobachtungen von Dehaene und Mehler (1992) zur Wahrscheinlichkeit des Auftretens von Zahlen vorgegeben (supervised learning). Folglich wurden dem Netz kleine Zahlen häufiger dargeboten als große Zahlen.

Ergebnisse

In der Simulationsstudie von Verguts, Fias und Stevens (2005) konnten unter anderem folgende Ergebnisse erzielt werden:

- Die empirischen Befunde zur Benennung von Zahlen können durch die Simulation abgebildet werden. Zwar zeigt sich aufgrund der Überrepräsentation kleinerer Werte im Trainingsset nach den ersten 1000 Lerndurchgängen eine bessere Anpassung der korrekten Output-Werte für kleinere Zahlen. Dieser Unterschied zwischen kleineren und größeren Werten nivelliert sich jedoch erwartungsgemäß nach 30000 Durchgängen.

- Auch bezüglich der Beurteilung, ob es sich um eine gerade oder ungerade Zahl handelt, wird der korrekte Output zunächst für kleinere Zahlenwerte in stärkerem Maße erreicht. Dennoch erfolgt hier – ebenso wie für die Zahlenbenennung – nach 30000 Durchgängen in etwa die gleiche Anpassungsgüte für kleinere als auch größere Zahlen.

- Beim Größenvergleich zweier Zahlen kann auch noch nach 30000 Lerndurchgängen wie gewünscht ein Größeneffekt detektiert werden, d.h. der Vergleich unterscheidet sich für kleinere (z.B. Zwei und Vier) und größere Zahlen (z.B. Sieben und Neun) voneinander. Dieser Effekt kommt in der Simulationsstudie lediglich durch häufigere Darbietung kleinerer Zahlen zu Beginn der Trainingsphase zustande. Zusatzannahmen werden hingegen *nicht* benötigt.

Fazit

Das neuronale Netz von Verguts, Fias und Stevens (2005) kann im Vergleich zu konkurrierenden kognitiven Modellen zahlreiche Befunde zur Repräsentation von Zahlen integrieren. Dabei muss das sparsame Modell sich keiner weiteren Annahmen bedienen, wie dies in bisherigen Ansätzen der Fall war. Positiv hervorzuheben ist auch die Generierung neuer Hypothesen, die zur Überprüfung des Modells herangezogen werden können und damit seiner potentiellen Falsifizierbarkeit (siehe unten) dienen. Zum Beispiel wird von den Autoren die Hypothese formuliert, dass der Größeneffekt bei Kindern im Gegensatz zu Erwachsenen auch für die Benennung von Zahlen und der Beurteilung, ob es sich um eine gerade oder ungerade Zahl handelt, auftritt. Begründet wird diese Prognose mit den Befunden der Simulationsstudie nach 1000 Lerndurchgängen. Zu diesem (frühen) Zeitpunkt während der Trainingsphase kommt es zu den aufgeführten Effekten (siehe oben). Folglich sollten sich ähnliche Effekte bei Kindern ergeben, deren Zahlenrepräsentation ebenfalls noch nicht vollständig ausgebildet sein dürfte. Eine genaue Angabe, in welchem Alter die Effekte bei Kindern detektierbar sein sollten, wird leider *nicht* vorgenommen.

Diese aus dem Modell abgeleitete Hypothese wurde bisher noch *nicht* weiter überprüft. Neben diesem Kritikpunkt, der durch neue Studien entkräftet werden kann, ist vor allem supervised learning zu nennen, da es biologisch eher unplausibel erscheint und somit die unmittelbare Übertragung des eingesetzten neuronalen Netzes auf den Menschen in Frage stellt. Gleichwohl ist hervorzuheben, dass die Autoren in anderen Arbeiten (Verguts & Fias, 2004) zur Repräsentation von Zahlen mittels neuronalem Netz auf eine *nicht* überwachte Lernregel (unsupervised learning) zurückgreifen.

Kritik

2.8.3 Bewertung

Der Einsatz von Computersimulationen zur Datengenerierung kann mehrere Vorteile im Vergleich zu traditionellen Formen der Datenerhebung, wie etwa Beobachtungen oder Befragungen, besitzen (vgl. Rey & Wender, 2010):

Vorteile

- **Ethische Aspekte:** Ethisch nicht vertretbare Untersuchungen können am Computer simuliert werden, ohne Menschen schädigen oder beeinträchtigen zu müssen.

- **Durchführung zahlreicher Simulationsdurchläufe:** Im Vergleich zu herkömmlichen Formen der Datenerhebung können zahlreiche Simulationsdurchläufe mit unterschiedlichen Parametern berechnet und miteinander verglichen werden.

- **Zum Teil biologische Plausibilität:** Einige Computermodelle – wie etwa konnektionistische Modelle – besitzen zum Teil biologische Plausibilität, da sie aufgrund ihrer Eigenschaften über Ähnlichkeiten zur Informationsverarbeitung im menschlichen Gehirn verfügen.

- **Hohe Lernfähigkeit:** Insbesondere künstliche neuronale Netze weisen eine hohe Lernfähigkeit auf. Mit dieser geht eine hohe Flexibilität beim Problemlösen einher. Auch dies ist teilweise charakteristisch für menschliche kognitive Leistungen.

- **Ökonomische Aspekte:** Aufgrund der Leistungssteigerungen von Computern in den letzten Jahrzehnten können viele Simulationen mittlerweile kostengünstig und schnell durchgeführt werden.

Nachteile

Als Nachteile von Computersimulationen kann man anführen (vgl. Rey & Wender, 2010):

- **Fehlende Übereinstimmung mit dem tatsächlichen Verhalten und Erleben:** Simulationsstudien bilden nicht zwingend das tatsächliche menschliche Verhalten und Erleben ab. Stattdessen werden in diesen Studien Modelle eingesetzt, die zum Teil auf ungeprüften Annahmen über das menschliche Verhalten und Erleben basieren und starke Vereinfachungen vornehmen.

- **Fehlende biologische Plausibilität:** Simulationen des menschlichen Gehirns sind nicht immer biologisch plausibel, sondern widersprechen bisweilen biologischen Grundannahmen. In diesem Fall sind sie zur Beschreibung und Erklärung menschlichen Verhaltens nur sehr eingeschränkt geeignet.

- **Schwierige Falsifizierbarkeit:** Der Einsatz vieler Parameter und Variablen kann dazu führen, dass ein neuronales Netz jede menschliche Verhaltensweise simulieren kann. Die Gefahr besteht darin, dass diese Modelle zur Erklärung menschlichen Verhaltens nicht falsifizierbar, d.h. nicht widerlegbar sind, sondern durch Wahl „geeigneter" Parameter immer vor der Falsifikation geschützt werden können. Man spricht in diesem Zusammenhang auch von einer Immunisierungsstrategie. Das Wissenschaftskriterium der Falsifizierbarkeit geht auf Karl R. Popper (z.B. 1996) zurück.

2.9   Zusammenfassung und Fazit

Zusammenfassung und Fazit

Datenerhebungen sind Sammlungen von Messungen. Unter einer Messung versteht man die homomorphe Abbildung eines empirischen in ein numerisches Relativ bzw. eine möglichst strukturerhaltende Abbildung eines „Realitätsausschnittes" (einem Ausschnitt aus unserer Umwelt) in Zahlen. Beobachtungen, Befragungen, standardisierte Tests, Experimente und projektive Verfahren als Formen der Datenerhebung sowie Computersimulationen als Methode zur Datengenerierung können inner- und außerhalb der Entwicklungspsychologie verwendet werden. Diese Verfahren überschneiden sich teilweise und werden bei der Datenerhebung zudem oft kombiniert. Aus Abb. 11 wird ersichtlich, dass die Verfahren unterschiedliche Vor- und Nachteile aufweisen. Die aufgeführten Punkte dienen dabei als Orientierungshilfen. Je nach Durchführung des Verfahrens können sich auch andere Vor- und Nachteile ergeben. Welches Verfahren in einer bestimmten Studie zum Einsatz kommen sollte, hängt von mehreren Faktoren ab, wie etwa dem Alter der Probanden, dem Ziel der Studie, Vorlieben des Forschers für eine bestimmte Methode oder den eingesetzten Methoden in bisher durchgeführten Untersuchungen zu einem ähnlichen Thema.

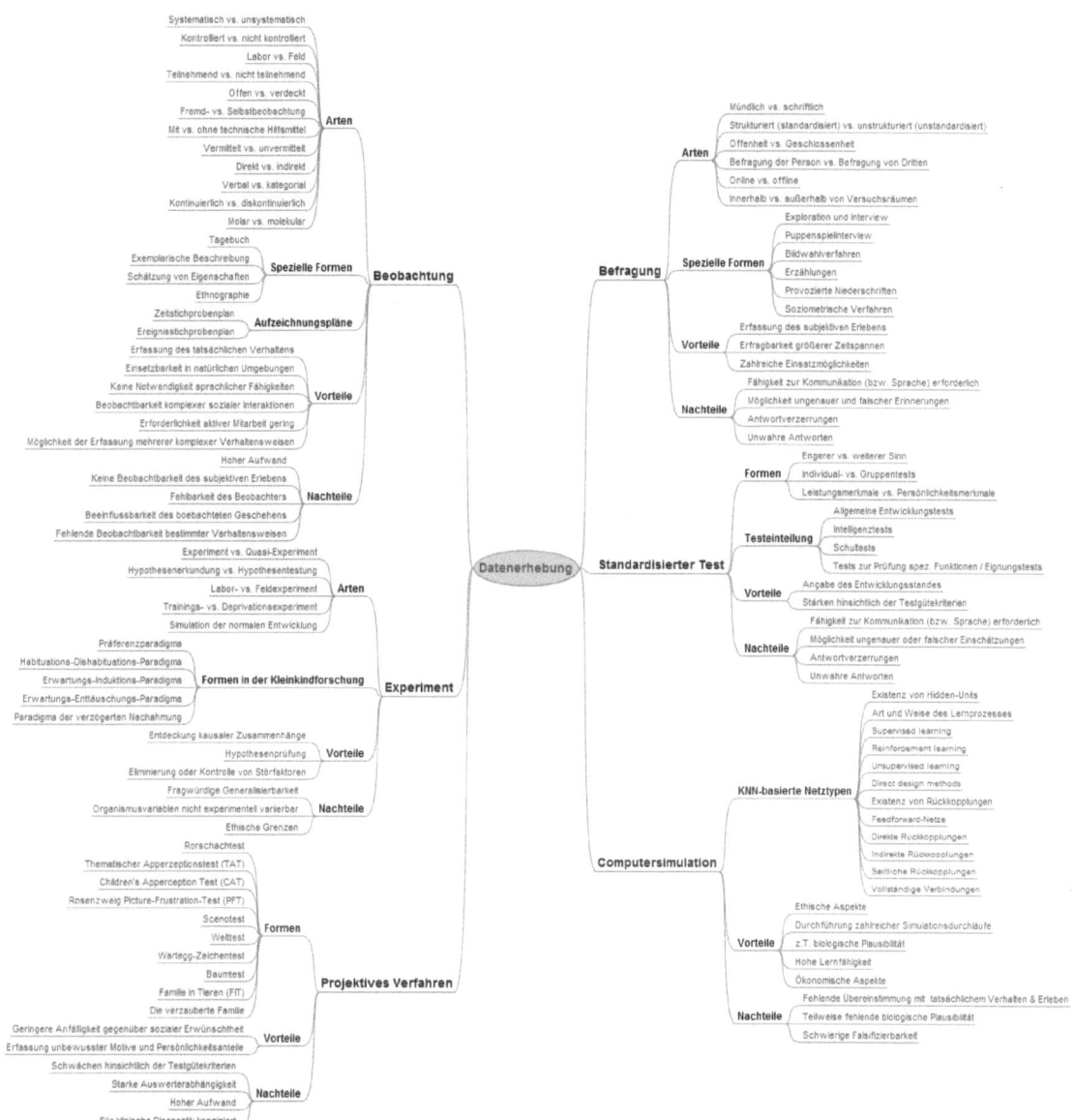

Abb. 11: Mind Map zum Kapitel Datenerhebung.

Bei der Datenerhebung können verschiedene grundlegende Probleme auftreten. So führen unterschiedliche Methoden mitunter zu unterschiedlichen Ergebnissen. Die Wahl der Methode beeinflusst damit das Ergebnis der Untersuchung. Wel-

Probleme

che Methoden der Datenerhebung als wissenschaftlich gelten, verändert sich außerdem im Laufe der Zeit. Dabei wurden bereits etablierte Verfahren wie etwa die Tagebuchmethode zeitweise als unwissenschaftlich zurückgewiesen und zu einem späteren Zeitpunkt erneut als wissenschaftliche Methode akzeptiert. Ein spezielles Problem bei der Datenerhebung in der Entwicklungspsychologie besteht in der Konfundierung zwischen Entwicklungsprozessen im untersuchten Inhaltsbereich und im Umgang der Versuchspersonen mit dem Datenerhebungsverfahren. Zum Beispiel könnte man bei der Untersuchung der sozialen Kompetenz als Inhaltsbereich feststellen, dass ältere Kinder schriftlich präsentierte Aufgaben besser lösen und folglich über eine höhere soziale Kompetenz verfügen. Alternativ könnten die besseren Leistungen älterer Kinder aber auch auf den kompetenteren Umgang mit schriftlich vorgegebenen Aufgaben zurückzuführen sein.

2.10 Lernfragen

1. Was versteht man unter einer Datenerhebung?

2. Welche grundlegenden Probleme können bei der Datenerhebung (in der Entwicklungspsychologie) auftreten?

3. Wodurch ist eine Beobachtung gekennzeichnet?

4. Welche verschiedenen Beobachtungsformen unterscheidet man?

5. Welche Vor- und Nachteile besitzen Beobachtungen?

6. Wie definiert man eine Befragung?

7. Was sind soziometrische Verfahren?

8. Welche Vor- und Nachteile besitzen Befragungen?

9. Welche Formen standardisierter Tests kommen in entwicklungspsychologischen Untersuchungen zum Einsatz?

10. Erläutern Sie die Begriffe unabhängige und abhängige Variablen sowie Randomisierung, die im Rahmen experimenteller Verfahren eine zentrale Rolle spielen!

11. Was ist mit der Abkürzung fMRT gemeint? Erläutern Sie dieses Verfahren!

12. Nennen Sie Beispiele projektiver Verfahren!

13. Worin unterscheiden sich Computersimulationen von herkömmlichen Formen der Datenerhebung?

14. Was versteht man unter unsupervised learning?

3 Testgütekriterien

3.1 Übersicht und Lernziele

Das dritte Kapitel liefert einen Überblick über die Korrelation, die Haupttestgütekriterien Objektivität, Reliabilität und Validität sowie weitere Nebengütekriterien. Nach diesen Haupt- und Nebengütekriterien lässt sich die Qualität der verschiedenen Datenerhebungsformen beurteilen. Im vorliegenden Kapitel soll auch erörtert werden, wie die einzelnen Kriterien miteinander zusammenhängen bzw. sich voneinander unterscheiden.

Folgende Lernziele werden verfolgt:

- Was ist eine Korrelation?
- Was versteht man unter den Hauptgütekriterien Objektivität, Reliabilität und Validität?
- In welche Teilaspekte können die drei Hauptgütekriterien untergliedert werden?
- Welche Nebengütekriterien lassen sich voneinander abgrenzen?

3.2 Einleitung

Testgütekriterien dienen als „Beurteilungskriterien" für die Güte der Datenerhebung (Kapitel 2). Häufig erfolgen zu einem spezifischen standardisierten Test (z.B. zu einem bestimmten IQ-Test) Angaben zu den einzelnen Gütekriterien. Damit lässt sich die Güte dieses Tests beurteilen und mit den (Zahlen-)Angaben anderer standardisierter Tests vergleichen. Testgütekriterien können aber auch zum Vergleich verschiedener Datenerhebungsformen herangezogen werden. Standardisierte Tests könnte man beispielsweise projektiven Verfahren im Hinblick auf die Testgütekriterien gegenüberstellen. Eine derartige Gegenüberstellung ist jedoch sehr unspezifisch. So könnte zum Beispiel die Objektivität standardisierter Tests durchschnittlich höher ausfallen als bei projektiven Verfahren. Dennoch könnten bestimmte projektive Tests über eine höhere Objektivität verfügen als einzelne standardisierte Testverfahren.

Testgütekriterien

Haupt- und
Nebengütekriterien

Bei den Testgütekriterien unterscheidet man typischerweise zwischen Haupt-
und Nebengütekriterien. Die Hauptgütekriterien lauten:

- Objektivität

- Reliabilität

- Validität

Diese Gütekriterien hängen miteinander zusammen. Grundsätzlich gilt, dass
Objektivität die Voraussetzung für Reliabilität ist und diese wiederum Voraussetzung für Validität.

Korrelationen

Viele Testgütekriterien stellen statistische Kennwerte dar, die auf der Berechnung der Korrelation basieren. Das nachfolgende Kapitel erörtert die Korrelation
als statistisches Maß.

3.3   Korrelation

Definition

Eine Korrelation beschreibt die Beziehung zwischen verschiedenen Variablen. Der Korrelationskoeffizient r ist dabei ein standardisierter statistischer
Wert für das Ausmaß des Zusammenhangs zwischen diesen Variablen.

Beispiel

Beispielsweise könnte die Intelligenz von 4-jährigen Kindern mit ihrem späteren
Schulerfolg korrelieren. Der Korrelationskoeffizient r wäre in diesem Fall positiv: Je höher die Intelligenz des 4-jährigen Kindes, desto höher ist der spätere
Schulerfolg. Die Höhe von r charakterisiert die Stärke des Zusammenhangs zwischen der Intelligenz der 4-jährigen Kinder und dem späteren Schulerfolg. Je
höher r ist, desto besser kann man den Schulerfolg durch die zuvor gemessene
Intelligenz vorhersagen.

3.3.1   Wertebereich von Korrelationen

Wertebereich
von −1 bis +1

Korrelationen beziehen sich in der Regel auf lineare Zusammenhänge und besitzen einen Wertebereich von −1 bis +1. Sofern kein linearer Zusammenhang
zwischen den Variablen vorliegt, ist der Wert von r gleich Null. In diesem Fall
könnten die beiden Variablen allerdings auch in nicht linearer Form (d.h. nonli-
near) miteinander zusammenhängen. Bei einer Korrelation von +1 besteht ein
perfekter Zusammenhang zwischen den Variablen. Gleiches gilt für eine Korrelation von −1. In diesem Fall ist der Zusammenhang gegenläufig. Beispielsweise
sollte bei einem Leistungstest der Anteil an Fehlern perfekt gegenläufig zum
Anteil richtig gelöster Aufgaben korrelieren. Je höher der Anteil an Fehlern,
desto geringer ist der Anteil richtig gelöster Aufgaben. Abb. 12 veranschaulicht
einige ausgewählte Korrelationen zwischen zwei Variablen in Form von Punk-
tewolken.

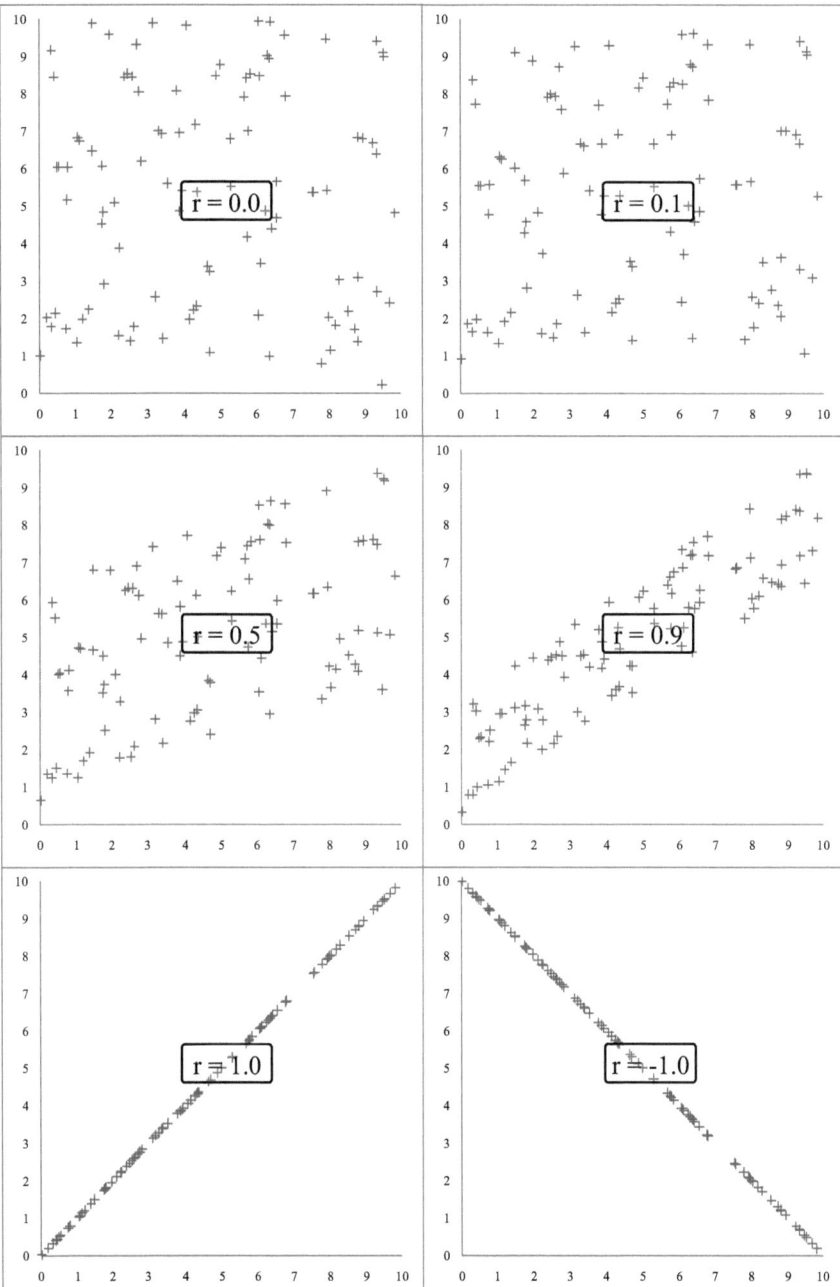

Abb. 12: Darstellung ausgewählter Korrelationen zwischen zwei Variablen.

Geringe, mittlere
und hohe
Korrelationen

Cohen (1988) hat unter anderem für Korrelationen eine Konvention angegeben, die besagt, bei welchem Wert man eine Korrelation als gering, mittel oder hoch einstufen sollte:

- $r = 0.1$ für eine geringe Korrelation

- $r = 0.3$ für eine mittlere Korrelation

- $r = 0.5$ für eine hohe Korrelation

Akzeptable Höhe
abhängig von der
Fragestellung

Allerdings kommt es immer auf die Fragestellung an, ob man den ermittelten Kennwert als niedrig oder hoch klassifizieren kann. Beispielsweise könnte man den Zusammenhang der Ergebnisse aus demselben Multiple-Choice-Test berechnen, der von zwei Auswertern ermittelt wurde. Diese Korrelation wird als Auswertungsobjektivität bezeichnet (Kapitel 3.4) und sollte ganz erheblich über $r = 0.5$ liegen, um noch von einer akzeptablen Übereinstimmung sprechen zu können. Sogar eine Korrelation von $r = 0.9$ wäre in diesem konkreten Fall immer noch unbefriedigend.

3.3.2 Korrelationen und Kausalität

Mögliche Ursachen
für Korrelationen

Eine hohe Korrelation zwischen zwei Variablen bedeutet *nicht*, dass die beiden Variablen kausal miteinander zusammenhängen. Stattdessen liefern Korrelationen lediglich einen ersten Hinweis, dass dies der Fall sein *könnte*. Eine Korrelation zwischen den Variablen x und y kann unter anderem auf folgende Ursachen zurückgeführt werden (vgl. Abb. 13):

1. Variable x verursacht Variable y.

2. Variable y verursacht Variable x.

3. Die beiden Variablen x und y verursachen sich gegenseitig.

4. Die beiden Variablen x und y werden von einer Drittvariablen z verursacht.

5. Variable x verursacht Variable y und die beiden Variablen werden außerdem von einer Drittvariablen z verursacht.

6. Variable y verursacht Variable x und die beiden Variablen werden außerdem von einer Drittvariablen z verursacht.

7. Die beiden Variablen x und y verursachen sich gegenseitig. Außerdem werden die beiden Variablen von einer Drittvariablen z verursacht.

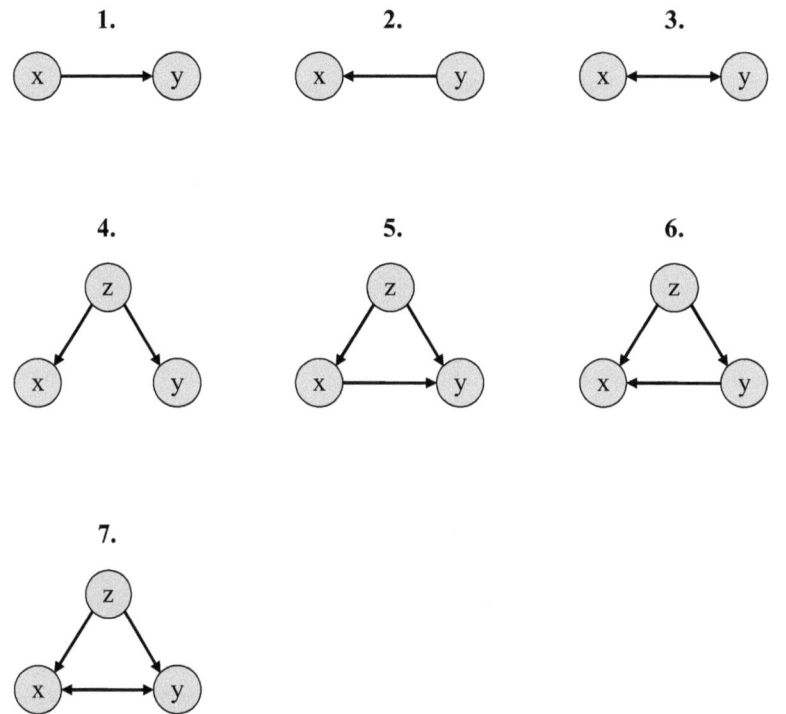

Abb. 13: Schematische Darstellung der möglichen Ursachen für eine Korrelation zwischen den Variablen x und y.

Um einzelne dieser Möglichkeiten auszuschließen, wird argumentiert, dass die Ursache zeitlich vor der Wirkung auftreten muss. Beispielsweise sollte ein wirksames Förderprogramm für Vorschulkinder positive Auswirkungen auf die Entwicklung der Kinder in den nachfolgenden Monaten und Jahren besitzen. Die Annahme der zeitlichen Reihenfolge von Ursache und Wirkung kann allerdings zu Fehlschlüssen führen. Beispielsweise kräht der Hahn kurz vor Sonnenaufgang, stellt aber nicht die Ursache hierfür dar (Dubben & Beck-Bornholdt, 2006). Auch nicht triviale Beispiele verdeutlichen die Gefahr, auf Grundlage der zeitlichen Reihenfolge auf einen Kausalzusammenhang zu schließen. So kann die Verschreibung und Einnahme eines Medikamentes mit dem späteren Auftreten einer Krankheit korrelieren. Dies impliziert jedoch nicht zwangsläufig, dass das Medikament die Krankheit verursacht hat. Möglicherweise hat der Arzt das Medikament aufgrund erster Anzeichen der Krankheit verschrieben. Insofern hat die Krankheit die Verschreibung und Einnahme des Medikamentes verursacht, nicht umgekehrt (Dubben & Beck-Bornholdt, 2006).

Zeitliches Auftreten von Ursache und Wirkung

Beispiele für hohe
Korrelationen ohne
Kausalität

Die nachfolgenden Beispiele illustrieren, dass eine hohe Korrelation kein Garant für einen Kausalzusammenhang ist (Dubben & Beck-Bornholdt, 2006):

- **Storchenpopulation und Geburtenrate:** In den zwanziger Jahren des letzten Jahrhunderts wurde in Schweden sowie in Niedersachsen zwischen 1972 und 1985 eine hohe Korrelation zwischen der Storchenpopulation und der Geburtenrate festgestellt. Dennoch hängen diese beiden Ereignisse nicht kausal miteinander zusammen. Stattdessen sind hier Drittvariablen wie etwa die Industrialisierung von Bedeutung, die mutmaßlich sowohl zu einem Absinken der Geburtenrate als auch zu einer verringerten Storchenpopulation führten.

- **Einsatz von Feuerwehrleuten und Brandschäden:** Je mehr Feuerwehrleute im Einsatz sind, desto größer sind die Brandschäden. Gemeinsame Ursache dieser Variablen ist die Größe des Brandes, die sowohl den Brandschaden als auch die notwendige Anzahl an Feuerwehrkräften zur Löschung des Brandes bestimmt.

- **Verweildauer im Krankenhaus und späterer Gesundheitszustand:** Eine längere Verweildauer im Krankenhaus korreliert mit einem schlechteren Gesundheitszustand nach dem Krankenhausaufenthalt. Maßgeblicher Grund dafür ist der Gesundheitszustand der Patienten vor der Einlieferung in das Krankenhaus, der die Dauer des Aufenthaltes und den Gesundheitszustand nach der Entlassung beeinflusst. Patienten mit schweren Erkrankungen benötigen eine längere Behandlung und weisen einen schlechteren Gesundheitszustand nach ihrer Entlassung auf als Personen mit leichteren Erkrankungen.

- **Globale Erwärmung und Lebenserwartung:** Eine höhere Oberflächentemperatur auf der nördlichen Hemisphäre der Erde geht mit einer signifikant höheren Lebenserwartung einher. Vermutlich wird dieser Zusammenhang durch diverse Drittvariablen verursacht, wie etwa die Industrialisierung und gleichzeitige Verbesserung der medizinischen Versorgung der Bevölkerung.

3.4   Objektivität

Definition

 Objektivität bezieht sich auf die Beobachterunabhängigkeit der Ergebnisse.

Beispiel

Man könnte beispielsweise die Körpergröße einer Person erfassen. Diese Messung sollte unabhängig von der Person sein, welche die Datenerhebung vornimmt. Sind die Messungen verschiedener Beobachter identisch, d.h. die Korrelation der Messungen beträgt Eins, dann liegt eine perfekte Objektivität vor.

Unterteilung

Beobachterunabhängigkeit wird im Kontext des Testgütekriteriums Objektivität sehr allgemein verstanden und ist nicht auf die Beobachtung als Methode der

Datenerhebung (Kapitel 2.3) beschränkt. Objektivität wird typischerweise noch einmal in die folgenden drei Aspekte unterteilt:

- Durchführungsobjektivität
- Auswertungsobjektivität
- Interpretationsobjektivität

Das Ausmaß an Übereinstimmung (Konkordanz) verschiedener Beobachter wird in der Literatur als Interraterreliabilität bezeichnet. Dabei handelt es sich um ein Objektivitätsmaß und *nicht* um ein Reliabilitätsmaß (Kapitel 3.5), wie man dem Namen nach vermuten könnte.

Interraterreliabilität

3.4.1 Durchführungsobjektivität

Unter Durchführungsobjektivität versteht man, dass die Ergebnisse unabhängig von dem durchführenden Testleiter sind.

Definition

Beispielsweise ist die Durchführungsobjektivität bei einem Test zu Schmerzbeurteilungen nicht gegeben, wenn Männer unter weiblicher Testleitung andere Resultate erzielen als unter männlicher Testleitung. In einer Studie von Levine und De Simone (1991) wurden die Versuchsleiter zunächst aufgefordert, sich geschlechtsstereotypisch zu kleiden und zu verhalten. Männer gaben in der Untersuchung daraufhin signifikant niedrigere Schmerzbeurteilungen unter einer weiblichen Versuchsleiterin im Vergleich zu einem männlichen Versuchsleiter ab. Bei Frauen fand sich kein geschlechtsspezifischer Effekt. Nachfolgende Studien, in denen das Geschlecht nicht stereotypisch überzeichnet wurde, fanden jedoch auch für Männer nur noch minimale Effekte (Lautenbacher, 2009).

Beispiel

Um eine hohe Durchführungsobjektivität zu erreichen, sollte das Testhandbuch genaue und standardisierte Anweisungen ohne individuellen Spielraum zur Durchführung vorgeben. Diese beziehen sich auf die Testinstruktion, d.h. Anweisungen und Erklärungen gegenüber der Versuchsperson zur Durchführung, sowie auf Testmaterialien, mögliche Zeitbegrenzungen und den Umgang mit auftretenden Fragen der Testperson (Bortz & Döring, 2006; Moosbrugger & Kelava, 2007). Allerdings können gerade jüngere Kinder durch das allzu schematische Vorgehen bei der Datenerhebung irritiert werden. Dadurch können noch unzuverlässigere Werte resultieren (z.B. Rennen-Allhoff & Allhoff, 1987).

Empfehlungen

3.4.2 Auswertungsobjektivität

Auswertungsobjektiv sind die Ergebnisse, wenn sie unabhängig von dem Testauswerter sind.

Definition

Beispiel

Die Auswertungsobjektivität ist verletzt, wenn zwei Dozenten bei denselben Klausuren von Studierenden zu unterschiedlichen Ergebnissen gelangen. Beispielsweise könnte ein Dozent die Antworten zu den Fragen mit offenem Antwortformat auf Basis einer vorher erstellten Stichwortliste überprüfen, während ein anderer nach inhaltlichen Fehlern in den Ausführungen sucht.

Empfehlungen

Zur Sicherstellung der Auswertungsobjektivität sollte bei Multiple-Choice-Aufgaben etwa vorab festgelegt werden, wie Teilpunkte vergeben werden. Beispielsweise kann eine solche Mehrfachwahlaufgabe mehrere richtige Antwortalternativen beinhalten. Dabei muss im Vorfeld bestimmt werden, wie viele Punkte verteilt werden, wenn eine Person nur einen Teil der richtigen Antwortmöglichkeiten markiert. Bei Fragen mit offenem Antwortformat ist die Gewährleistung der Auswertungsobjektivität häufig deutlich schwieriger. Hier sind detailliertere Auswertungsregeln erforderlich (Moosbrugger & Kelava, 2007).

3.4.3 Interpretationsobjektivität

Definition

Interpretationsobjektivität ist gegeben, wenn die Ergebnisinterpretation des Tests unabhängig von der Person ist, die diese vornimmt.

Beispiel

Interpretationsobjektivität ist zum Beispiel nicht gegeben, wenn nach Durchführung und Auswertung eines projektiven Verfahrens dieselbe Person einmal als ängstlich-zurückhaltend eingestuft wird und einmal als nicht ängstlich-offen.

Empfehlungen

Nach Moosbrugger und Kelava (2007) kann der Testautor im Manual Hilfestellungen geben, indem ausführliche Angaben von Ergebnissen aus der Eichstichprobe (Kapitel 3.7) bereitgestellt werden, die den Vergleich mit relevanten Bezugsgruppen (z.B. Altersgruppen) ermöglichen (vgl. Bortz & Döring, 2006).

3.5   Reliabilität

Definition

Reliabilität beschreibt die Zuverlässigkeit bzw. Genauigkeit der Messung.

Beispiel

Soll etwa die Körpergröße einer Person erfasst werden, so drückt sich Reliabilität darin aus, dass beispielsweise die wiederholte Messung einer Person zu genau der gleichen Zentimeterlänge führt.

Unterteilung

Zur Reliabilitätseinschätzung stehen vier verbreitete Methoden zur Verfügung:

- Paralleltestreliabilität
- Retestreliabilität
- Einschätzungen auf Basis der internen Konsistenz
- Testhalbierungsreliabilität

3.5.1 Paralleltestreliabilität

Paralleltestreliabilität ist definiert als Korrelation zwischen den Ergebnis-   Definition
sen zweier ähnlicher Testformen, die zeitnah an derselben Stichprobe erhoben wurden.

Beispielsweise kann man die Paralleltestreliabilität eines IQ-Tests bestimmen,   Beispiel
der über mindestens zwei ähnliche Testformen verfügt. Nach dem unmittelbar
aufeinanderfolgenden Einsatz der beiden Testvarianten an derselben Stichprobe
wird die Korrelation zwischen den zwei Ergebnissen berechnet. Eine hohe Korrelation weist auf einen starken Zusammenhang zwischen den beiden Testformen
und damit auf eine hohe Paralleltestreliabilität hin.

Geprüfte Parallelformen finden sich aufgrund des oftmals sehr hohen Konstruk-   Probleme
tionsaufwandes in der Praxis nur selten. Zudem besteht das Problem, dass trotz
hinreichend großer Korrelation Störeffekte wie etwa Übungseffekte die Paralleli-
tät der Messung beeinträchtigen (Schermelleh-Engel & Werner, 2007). In der
Entwicklungsdiagnostik der ersten Lebensjahre existiert auch deshalb häufig
kein Paralleltest, da das sich entwickelnde Verhaltensrepertoire in diesem Alter
noch recht beschränkt ist. Außerdem sind viele Aufgaben nach einmaliger Darbietung bekannt und können deshalb kein weiteres Mal sinnvoll gestellt werden
(Rennen-Allhoff & Allhoff, 1987).

3.5.2 Retestreliabilität

Retestreliabilität bezieht sich auf die Korrelation zwischen zwei Ergebnis-   Definition
sen des gleichen Tests, die zu zwei unterschiedlichen Zeitpunkten an derselben Stichprobe erhoben wurden.

Denkbar wäre die Ermittlung der Retestreliabilität – gelegentlich auch Wieder-   Beispiel
holungsreliabilität genannt – eines IQ-Tests, indem dieser Test im Abstand eines
halben Jahres an derselben Stichprobe wiederholt wird. Wenn die einzelnen
Personen zu den beiden Messzeitpunkten jeweils sehr ähnliche IQ-Werte erzielen, ist die Retestreliabilität hoch. Voraussetzung einer hoher Retestreliabilität
ist, dass der IQ der Probanden über die beiden Messzeitpunkte relativ stabil
bleibt.

Neben dem hohen Aufwand durch die mehrmalige Messung sind unsystemati-   Probleme
sche Veränderungen der wahren Merkmalsausprägung über die Zeit hinweg das
zentrale Problem bei der Ermittlung der Retestreliabilität. Beispielsweise können
sich einzelne Personen zwischen den beiden Messzeitpunkten in ihrer Leistung
verbessern, während andere Probanden in ihrer Leistung stagnieren oder sogar
Verschlechterungen hinnehmen müssen. In diesem Fall ist die Stabilität des
Merkmals nicht gewährleistet (Bortz & Döring, 2006). Des Weiteren können
Erinnerungs- und Übungseffekte zu einer Überschätzung der Reliabilität führen.

Andererseits können diese Effekte bei verschiedenen Personen unterschiedlich ausfallen und somit die Retestreliabilität beeinflussen. Es wäre etwa denkbar, dass bei wiederholter Darbietung desselben IQ-Tests vor allem bei Probanden mit höheren Intelligenzwerten verstärkt Lerneffekte auftreten. Fraglich ist darüber hinaus, ob Testpersonen eine zweimalige Messung zugemutet werden kann. Zudem ist der zeitliche und finanzielle Aufwand einer wiederholten Testung zu beachten.

3.5.3 Interne Konsistenz

Definition

> Bei einem intern konsistenten Test sind die einzelnen Items bzw. Aufgaben homogen, d.h. sie messen in etwa das Gleiche.

Beispiel

Ein durchgeführter Leistungstest könnte beispielsweise zwanzig Aufgaben beinhalten. Wenn die Werte der untersuchten Personen für die einzelnen Aufgaben stark mit den erreichten Gesamtwerten übereinstimmen, dann spricht man von einem intern konsistenten Test. Verletzt wäre die interne Konsistenz für eine einzelne Aufgabe etwa, wenn Personen mit hohen Gesamtwerten diese Aufgabe genauso häufig oder sogar häufiger falsch beantworten als Personen mit einer niedrigen Gesamtpunktzahl. Diese könnte zum Beispiel durch eine unklare Aufgabenformulierung zustande kommen.

Vorteile

In der Praxis erfolgt häufig eine Reliabilitätsprüfung anhand der internen Konsistenz, da in diesem Fall eine einmalige Messung hinreichend ist und somit kein zweiter Test oder Ähnliches erforderlich wird (Schermelleh-Engel & Werner, 2007).

Probleme

Die Berechnung der internen Konsistenz verbietet sich, wenn die zu messende Variable nicht ein-, sondern mehrdimensional ist. In diesem Fall messen die einzelnen Items unterschiedliche Facetten des heterogenen Gesamtkonstrukts und müssen daher nicht hoch miteinander korrelieren.

Cronbachs α-Werte

Häufig erfolgt die Angabe von Cronbachs α-Werten (Cronbach, 1951) als Maß für die interne Konsistenz (Bortz & Döring, 2006). Diese Kennwerte sollen – sofern eine bestimmte Schwelle überschritten wird (gewöhnlich über .70, siehe z.B. Schmitt, 1996) – die Unidimensionalität (Eindimensionalität) und Reliabilität (Zuverlässigkeit) der Messung belegen. Beides ist jedoch fraglich. Einerseits ist der Cronbachs α-Kennwert als Nachweis für Unidimensionalität ungeeignet (z.B. Schmitt, 1996). Andererseits ist der Kennwert Cronbachs α auch als internes Konsistenzmaß methodisch zu kritisieren. Seine Höhe ist beispielsweise in starkem Maße abhängig von der Itemzahl des Tests (Bortz & Döring, 2006). Je mehr Fragen der Test besitzt, desto höhere Cronbachs α-Werte werden erreicht (Tab. 2) – unabhängig von der Dimensionalität und Reliabilität des Fragebogens. Daher werden andere Kennwerte als Maße der internen Konsistenz empfohlen (McNeish, 2018).

Tab. 2: Zusammenhang zwischen der Itemzahl eines Tests und den resultierenden Cronbachs α-Werten bei einer durchschnittlichen Korrelation von r = 0.1 zwischen den einzelnen Items.

Itemzahl	Cronbachs α-Werte
5	0.36
10	0.53
15	0.63
20	0.69
25	0.74
30	0.77
35	0.80
40	0.82
45	0.83
50	0.85

3.5.4 Testhalbierungsreliabilität

Die Testhalbierungsreliabilität – auch Splithalf-Reliabilität genannt – bezieht sich auf die Korrelation zwischen zwei Hälften des gleichen Tests.   Definition

Ein durchgeführter IQ-Test kann etwa in zwei Hälften unterteilt werden, zu denen sich für die untersuchten Personen jeweils ein Kennwert bestimmen lässt. Wenn die einzelnen Personen in den beiden Testhälften ähnlich hohe Kennwerte erzielen, dann besitzt der Gesamttest eine hohe Testhalbierungsreliabilität.   Beispiel

Vorteilhaft an der Reliabilitätsbestimmung über die Testhalbierung im Vergleich zur Retest- oder Paralleltestmethode ist der geringere Untersuchungsaufwand (Bortz & Döring, 2006). Auch hier ist – wie bei der Bestimmung über die interne Konsistenz – nur eine Messung erforderlich.   Vorteile

Wie bei der Reliabilitätsbestimmung über die interne Konsistenz der einzelnen Items besteht auch bei der Testhalbierungsreliabilität das Problem, dass die zu messende Variable heterogen sein kann. Dies kann die Bildung adäquater Testhälften erschweren.   Probleme

3.6 Validität

Validität bezieht sich auf die Gültigkeit der Messung. Ein valides Messverfahren misst, was das Verfahren tatsächlich messen soll. Nur bei einem validen Test sind die Messergebnisse interpretierbar.   Definition

Beispiel

Beispielsweise könnte es sein, dass sich die mathematische Kompetenz einer Person mit Hilfe eines IQ-Subtests objektiv und reliabel erfassen lässt. Valide (interpretierbar) wäre diese Messung aber nicht für die mathematischen Kompetenzen, wenn die Versuchsperson bereits auf sprachlicher Ebene an dem Subtest scheitert oder aber aufgrund ihrer Testangst schlecht abschneidet.

Unterteilung

Die Validität gilt als das wichtigste Testgütekriterium (z.B. Bortz & Döring, 2006). Bei der Validität werden verschiedene Formen voneinander unterschieden:

- Inhaltliche Validität

- Konstruktvalidität

- Kriterienbezogene Validität

3.6.1 Inhaltliche Validität

Definition

Inhaltliche Validität liegt vor, wenn die Aufgaben des Tests inhaltlich identisch mit den Persönlichkeitsmerkmalen sind, die durch den Test erfasst werden sollen.

Beispiel

Die Frage, ob man eine ängstliche Person sei, repräsentiert vermutlich das Konstrukt Ängstlichkeit. Demnach sollte die Frage nach der Ängstlichkeit ein inhaltlich valides Item zur Variable Ängstlichkeit darstellen.

Probleme

Die Inhaltsvalidität eines Tests wird in der Regel nicht empirisch-numerisch, sondern argumentativ begründet. Aus diesem Grund wird diese Form der Validitätsüberprüfung innerhalb der Psychologie nicht besonders geschätzt. Hartig, Frey und Jude (2007) weisen darauf hin, dass die Inhalte eines Tests bei der Konstruktion daher häufig vernachlässigt würden und die systematische Ableitung von Iteminhalten aus einem zuvor definierten Merkmal zu kurz komme.

3.6.2 Konstruktvalidität

Definition

Ein konstruktvalider Test misst alle Facetten des theoretischen Konstrukts, die durch den Test erfasst werden sollen.

Beispiel

Ein theoretisches Modell könnte zum Beispiel postulieren, dass sich die Intelligenz einer Person in die vier Bereiche Sprachverständnis, logisches Denken, Arbeitsgedächtnis und Verarbeitungsgeschwindigkeit unterteilen lässt. Ein konstruktvalider Intelligenztest zu diesem Modell sollte alle vier Bereiche abdecken, die im Rahmen dieses Intelligenzmodells postuliert wurden.

Bei der Konstruktvalidität wird im Rahmen der Multitrait-Multimethod-Methode von Campbell und Fiske (1959) eine Unterscheidung in konvergente und diskriminante (bzw. divergente) Validität vorgenommen:

Konvergente und diskriminante Validität

- **Konvergente Validität:** Die konvergente Validität stellt die Korrelation zwischen verschiedenen Tests dar, die dasselbe Konstrukt messen. Die ermittelten Korrelationen sollten bei einem validen Test möglichst hoch ausfallen.

- **Diskriminante Validität:** Die diskriminante Validität bezieht sich auf Korrelationen zwischen verschiedenen Tests, die verschiedene Konstrukte messen. Diese sollten daher nur gering oder gar nicht miteinander korrelieren.

Es kann vorkommen, dass verschiedene Tests teilweise dasselbe Konstrukt, zugleich aber auch unterschiedliche Konstrukte messen. Beispielsweise könnten ein Test zum Sprachverständnis und ein Test zum logischen Denken zwar unterschiedliche Facetten der Intelligenz erfassen. Zugleich ist es aber möglich, dass in beiden Testergebnissen auch die allgemeine bzw. generelle Intelligenz einer Person einfließt. Insofern würden die unterschiedlichen Tests zum Teil auch dasselbe Konstrukt erfassen, nämlich in diesem Fall die generelle Intelligenz einer Person. Mit Hilfe bestimmter statistischer Methoden kann man die Anteile der Tests an unterschiedlichen Konstrukten ermitteln.

Probleme

3.6.3   Kriterienbezogene Validität

Kriterienbezogene Validität liegt vor, wenn das Testergebnis mit anderen, praktisch relevanten Kriterien (sogenannten Außenkriterien) übereinstimmt, die das zu messende Persönlichkeitsmerkmal ebenfalls erfassen.

Definition

Beispielsweise sollte ein Test zur Prüfung auf Studierfähigkeit für das Fach Psychologie mit dem späteren Studienerfolg in diesem Fach übereinstimmen. In diesem Fall läge kriterienbezogene Validität vor, die man auch als empirische Validität bezeichnet.

Beispiel

Hinsichtlich des Messzeitpunktes des Kriteriums unterscheidet man zwischen konkurrenter und prognostischer Validität:

Konkurrente und prognostische Validität

- **Konkurrente Validität:** Man spricht von konkurrenter oder mitlaufender Validität, wenn die Messung des Kriteriums in etwa zeitgleich mit dem Test erfolgt. Zum Beispiel könnte ein Schulleistungstest, der am Ende eines Schuljahres durchgeführt wird, mit den Schulnoten verglichen werden. Konkurrente Validität wird auch als Übereinstimmungsvalidität bezeichnet.

- **Prognostische Validität:** Bei dieser Validitätsbestimmung erfolgt die Messung des Kriteriums im Vergleich zum Test zu einem späteren Zeitpunkt. Beispielsweise kann zu einem Berufseignungstest der Erfolg im Beruf erst später erfasst werden. Anstelle von prognostischer Validität spricht man auch von prädiktiver Validität oder Vorhersagevalidität.

Probleme

Häufig ist es schwierig, geeignete Außenkriterien zu finden. Beispielsweise ist unklar, was angemessene Außenkriterien für einen Religiositätsfragebogen darstellen. Man behilft sich in diesen Fällen damit, mehrere Außenkriterien heranzuziehen, die das zu messende Zielkriterium nur eingeschränkt abdecken (Bortz & Döring, 2006). So kann man etwa die Häufigkeit der Kirchgänge oder der Lektüre religiöser Schriften sowie Einschätzungen von befreundeten Personen als Außenkriterien zur Religiosität heranziehen, obwohl diese Kriterien alleine die Religiosität einer Person nur unzureichend abbilden.

3.6.4 Exkurs: Validität in Experimenten

Interne und externe Validität

Validität spielt nicht nur im Rahmen von Testgütekriterien eine zentrale Rolle, sondern auch in experimentellen Untersuchungen. Wichtig ist, diese beiden Validitätsformen voneinander zu unterscheiden. Im Kontext von Experimenten grenzt man – neben der Konstruktvalidität (siehe oben) – die interne von der externen Validität ab:

- **Interne Validität:** Bei einem intern validen Experiment sind Veränderungen der abhängigen Variablen eindeutig auf Variationen der unabhängigen Variablen zurückführbar. Folglich lässt ein solches Experiment eine kausale Interpretation zu, bei der die unabhängige Variable (Ursache) für Veränderungen der abhängigen Variablen (Wirkung) verantwortlich ist. Zum Beispiel läge interne Validität vor, wenn sich der Anstieg mathematischer Kompetenzen eindeutig auf ein bestimmtes Trainingsprogramm zurückführen ließe und nicht auf das höhere Engagement des Lehrers in der Trainingsgruppe im Vergleich zur Kontrollgruppe.

- **Externe Validität:** Die Ergebnisse eines extern validen Experiments sind dadurch charakterisiert, dass diese auf andere Kontexte (andere experimentelle Variablenoperationalisierungen, Situationen und Personengruppen) generalisiert werden können. Beispielsweise könnte die externe Validität eingeschränkt sein, wenn die Ergebnisse eines entwicklungspsychologischen Trainingsexperiments nur auf bayrische Gymnasialschülerinnen der sechsten Klasse, die ein Jahr verspätet eingeschult wurden, verallgemeinert werden können.

Zusammenhang zwischen interner und externer Validität

Häufig wird in Lehrbüchern darauf verwiesen, dass interne und externe Validität in gegenläufigem Verhältnis zueinanderstehen. Je mehr mögliche Störfaktoren kontrolliert würden, desto eher seien Veränderungen der abhängigen Variablen eindeutig auf Variationen der unabhängigen Variablen zurückführbar. Gleichzeitig reduziere sich die externe Validität in solchen artifiziellen (künstlichen) Untersuchungen. In diesem Zusammenhang wird gelegentlich auch darauf verwiesen, dass Laborexperimente eine hohe interne Validität, zugleich aber eine niedrige externe Validität besäßen. Umgekehrtes würde für Feldexperimente gelten.

Meines Erachtens stehen interne und externe Validität nicht zwangsläufig kont-
rär zueinander. Ebenso ist ein Laborexperiment nicht zwingend durch eine höhere interne und niedrigere externe Validität gekennzeichnet. Es kommt vielmehr
darauf an, wie die konkrete Studie konzipiert wurde. So kann auch ein Laborexperiment eine hohe interne *und zugleich* hohe externe Validität aufweisen.

Kritik:
Verallgemeinerung
und pauschaler
Vergleich

3.7 Nebengütekriterien

Neben den Hauptgütekriterien Objektivität, Reliabilität und Validität existieren
eine Reihe von Nebengütekriterien zur Beurteilung psychologischer Testverfahren:

- **Skalierung:** Unter Skalierung versteht man die Verrechnungsvorschrift eines Tests. Diese sollte dazu führen, dass das numerische Relativ (eine Zahlenmenge) das empirische Relativ (eine Menge von Eigenschaften bzw.
  Merkmalen von Objekten der „Realität") adäquat abbildet. Beispielsweise
  sollte eine intelligentere Person auch höhere Testwerte in einem IQ-Test erzielen als eine weniger intelligente Person und zwar entsprechend ihrer „tatsächlichen" IQ-Differenz.

- **Normierung:** Das Gütekriterium Normierung bezieht sich auf die Referenzstichprobe (Eichstichprobe) des Tests. Diese wird als Vergleichsmaßstab zur
  Beurteilung der gemessenen Ergebnisse herangezogen. Beispielsweise deutet ein Rohwert von 17 Punkten bei einem IQ-Test – ohne weitere Informationen über den Test – zunächst weder auf eine hohe, noch eine niedrige IQ-
  Leistung hin. Erst im Bezug auf die Eichstichprobe kann diese Einschätzung
  vorgenommen werden. Die Referenzstichprobe sollte repräsentativ sein, aus-
  führlich dargestellt werden und aktuell sein. Normwerte sollten alle acht Jahre auf ihre Gültigkeit überprüft werden (z.B. Moosbrugger & Höfling, 2007).

- **Testfairness:** Wenn der Test keine systematische Benachteiligung bestimmter Personen vornimmt, spricht man von Testfairness. Diskriminierungen
  können im Hinblick auf die soziokulturelle, ethnische oder geschlechtsspezi-
  fische Zugehörigkeit einer Person entstehen. Beispielsweise verletzt ein Intelligenztest dieses Nebengütekriterium, wenn Personen mit niedriger Lesekompetenz den Test nicht bewältigen können, obwohl sie von ihren sonsti-
  gen kognitiven Fähigkeiten dazu in der Lage wären (z.B. Hartig, et al.,
  2007).

- **Ökonomie:** Ein weiteres wichtiges Nebengütekriterium stellt die Testöko-
  nomie dar. Dieses Kriterium bezieht sich auf Kosten und Dauer der Datenerhebung. Im Optimalfall sollte ein Test einen hohen Erkenntnisgewinn mit
  geringen finanziellen und zeitlichen Ressourcen erzielen. Nach Moosbrugger
  und Kelava (2007) entsteht der finanzielle Aufwand vor allem durch die
  Testmaterialien einschließlich der Lizenzgebühren für Testautoren und Ver-
  lage, sowie durch aufwändige Hardware und Software bei computergestütz-
  ter Testung. Zeitliche Ressourcen resultieren durch die Vorbereitung, Durchführung, Auswertung und Ergebnisrückmeldung der Testung.

- **Nützlichkeit:** Die Nützlichkeit eines Tests wird von vielen Forschern als wichtigstes Gütekriterium betrachtet. Es betrifft die praktische Relevanz des gemessenen Merkmals. Auf Basis des Tests sollte die Beantwortung der untersuchten Fragestellung ermöglicht werden. Zudem sollten die Entscheidungen, die aufgrund der Testergebnisse getroffen werden, mehr Nutzen als Schaden hervorbringen (Moosbrugger & Kelava, 2007).

- **Zumutbarkeit:** Das Nebengütekriterium Zumutbarkeit umfasst die zeitliche, psychische und körperliche Belastung der Testpersonen. Die Belastbarkeit sollte die resultierende Nützlichkeit des Tests nicht übertreffen. Zumutbarkeit bezieht sich dabei ausschließlich auf die Testperson, während die Belastung des Testleiters das Gütekriterium Ökonomie betrifft (Moosbrugger & Kelava, 2007).

- **Vergleichbarkeit:** Gelegentlich wird als Nebengütekriterium der Aspekt der Vergleichbarkeit aufgeführt. Damit ist gemeint, dass zu dem Test Paralleltestformen oder inhaltsähnliche Tests existieren. Häufig wird dieses Kriterium daher nicht als eigenständiger Aspekt erörtert, sondern im Rahmen der Hauptgütekriterien Reliabilität und Validität abgehandelt.

- **Unverfälschbarkeit:** Hiermit ist gemeint, dass eine Person den eigenen Testwert nicht gezielt manipulieren können sollte. Verfälschungen können beispielsweise bei einem, in einer Bewerbungssituation eingesetzten Persönlichkeitsfragebogen auftreten, in dem sich Personen besonders vorteilhaft darstellen möchten (z.B. Vortäuschung sozial erwünschten Verhaltens). Kontrollfragen wie etwa die Frage, ob man schon mindestens ein einziges Mal in seinem Leben gelogen habe, dienen dazu, das Vortäuschen sozial erwünschten Verhaltens aufzudecken. Verneint der Proband diese Frage, so deutet dies auf sozial erwünschtes Verhalten hin, da vermutlich jeder Mensch bereits mindestens einmal in seinem Leben gelogen hat.

- **Transparenz:** Dieses Nebengütekriterium umfasst eine verständliche Instruktion für die Testperson, bei Bedarf den Einsatz geeigneter Übungsitems im Vorfeld sowie ein angemessenes Feedback über den Test und dessen Ergebnisse.

- **Akzeptanz:** Die Akzeptanz eines Tests bezieht sich auf den Eindruck, den der Test auf Laien macht. Sofern diese Personen den Test für angemessen und brauchbar zur Messung des jeweiligen Konstrukts erachten, liegt eine hohe Akzeptanz vor. Anstelle von Akzeptanz kann man auch von Augenscheinvalidität sprechen. Augenscheinvalidität wird leicht mit Inhaltsvalidität verwechselt, da inhaltlich validen Tests häufig auch Augenscheinvalidität zugesprochen wird (Moosbrugger & Kelava, 2007).

- **Äußere Gestaltung:** Ein Test sollte sprachlich und optisch ansprechend gestaltet sowie auf die jeweilige Zielgruppe zugeschnitten sein. Bei der Datenerhebung von Kindern und Jugendlichen ist die äußere Testgestaltung besonders wichtig.

3.8 Zusammenfassung und Fazit

Viele Testgütekriterien stellen statistische Kennwerte dar, die auf der Berechnung der Korrelation basieren. Eine Korrelation beschreibt die Beziehung zwischen verschiedenen Variablen. Korrelationen beziehen sich in der Regel auf lineare Zusammenhänge und besitzen einen Wertebereich von −1 bis +1. Eine hohe Korrelation zwischen zwei Variablen bedeutet *nicht*, dass die beiden Variablen kausal miteinander zusammenhängen müssen. Abb. 14 visualisiert die Haupttestgütekriterien Objektivität, Reliabilität und Validität einschließlich ihrer jeweiligen Teilaspekte. Interne und externe Validität sind Gütekriterien im Rahmen von Experimenten und als solche von der Validität im Kontext von Testgütekriterien abzugrenzen. Neben den aufgeführten Hauptgütekriterien können eine Reihe von Nebengütekriterien unterschieden werden.

Fazit

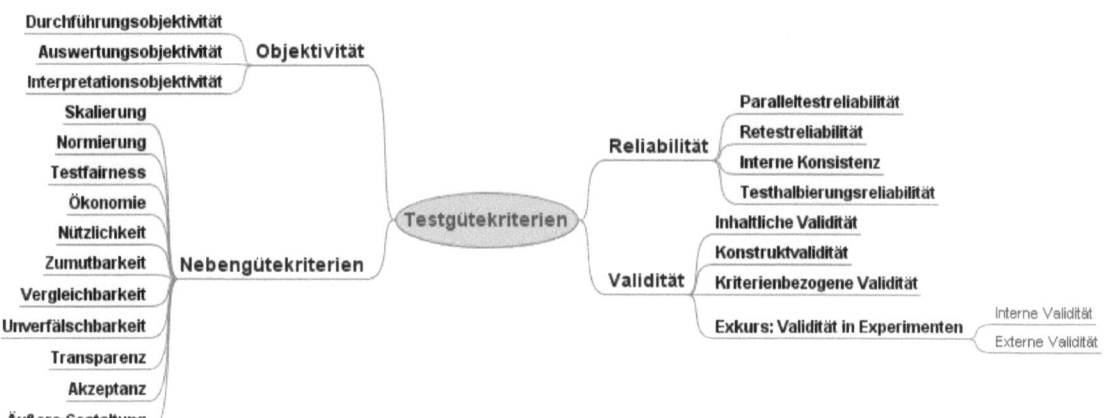

Abb. 14: Mind Map zum Kapitel Testgütekriterien.

3.9 Lernfragen

1. Nennen Sie ein Beispiel für eine Korrelation zwischen zwei Variablen!

2. Was kann eine Korrelation zwischen zwei Variablen verursacht haben?

3. Erläutern Sie die drei Hauptgütekriterien!

4. Was versteht man unter Objektivität?

5. Worin unterscheiden sich Durchführungs-, Auswertungs- und Interpretationsobjektivität?

6. Wodurch zeichnet sich eine reliable Datenerhebung aus?

7. Erläutern Sie den Unterschied zwischen Paralleltest- und Retestreliabilität!

8. Vergleichen Sie die Methode der internen Konsistenz mit der Methode der Testhalbierungsreliabilität!

9. Was bedeutet Validität und welche Formen der Validität lassen sich voneinander abgrenzen?

10. Was ist der Unterschied zwischen interner und externer Validität?

11. Skizzieren Sie die beiden Nebengütekriterien Skalierung und Normierung!

12. Wodurch unterscheiden sich die Nebengütekriterien Testfairness und Zumutbarkeit?

13. Was versteht man unter einem ökonomischen, nützlichen und transparenten Verfahren?

14. Erörtern Sie die Begriffe Vergleichbarkeit, Unverfälschbarkeit und Transparenz!

4 Untersuchungsdesigns

4.1 Übersicht und Lernziele

Dieses Kapitel erörtert, wann und mit welchen Altersgruppen die Datenerhebung erfolgen kann. Diese Fragen werden durch die Wahl des Untersuchungsdesigns (Versuchsplans) beantwortet. Das Kapitel geht dabei auf Querschnitts- und Längsschnittsdesigns sowie sequentielle Versuchspläne ein. Ebenfalls erörtert wird die Kontroverse zwischen Schaie und Baltes (1975), die sich mit den Vorzügen und Problemen einzelner Versuchspläne beschäftigt haben.

Folgende Lernziele sind Bestandteil dieses Kapitels:

- Wodurch sind Querschnittsdesigns, Längsschnittsdesigns und sequentielle Versuchspläne gekennzeichnet?

- Welche Vor- und Nachteile besitzen diese Untersuchungsdesigns?

- Welche Positionen wurden von Schaie und Baltes in ihrer Kontroverse mit welchen Argumenten vertreten?

- Wie wurde die Schaie-Baltes-Kontroverse beigelegt?

4.2 Einleitung

Während sich die Datenerhebung (Kapitel 2) und die dazugehörigen Testgütekriterien (Kapitel 3) zur Einschätzung der Beurteilungsgüte auf die Frage beziehen, *wie* die Datenerhebung durchgeführt werden kann, sind innerhalb der Entwicklungspsychologie auch die Fragen wichtig, *wann* und *mit welchen Altersgruppen* die Datenerhebung erfolgen kann. Derartige Fragen werden durch die Wahl des Untersuchungsdesigns, d.h. des Versuchsplans, beantwortet. Das nachfolgende Kapitel geht auf typische entwicklungspsychologische Untersuchungsdesigns ein, wie etwa das Quer- und Längsschnittsdesign. Diese dienen im entwicklungspsychologischen Kontext zur Aufdeckung von Alterseffekten (Trautner, 1997).

4.3   Querschnittsdesigns

In der Entwicklungspsychologie greifen mehr als 90% aller Untersuchungen auf Querschnittsdesigns zurück (Trautner, 1997).

Definition

> Ein Querschnittsdesign stellt eine Form der Datenerhebung dar, bei der *Personen unterschiedlichen Alters zu einem Zeitpunkt* untersucht werden.

Beispiel

Beispielsweise kann man vier- bis achtjährige Kinder im Juni 2012 einmalig hinsichtlich ihrer Medienkompetenz untersuchen. In der anschließenden Auswertung könnte unter anderem das Ausmaß der Medienkompetenz in Abhängigkeit des Alters analysiert werden.

4.3.1   Vorteile

Querschnittsstudien weisen vor allem zwei Vorteile bei der Datenerhebung auf (vgl. z.B. Berk, 2005; Trautner, 1997):

- **Ökonomie:** Die Ergebnisse der Untersuchung stehen unmittelbar zur Verfügung, da nur auf einen Untersuchungszeitpunkt zurückgegriffen wird. Dies führt zu einem geringeren Personalaufwand bei der Erhebung und dadurch zu geringeren Kosten.

- **Bereitschaft zur Untersuchungsteilnahme:** Versuchspersonen sind eher bereit, an einer Studie teilzunehmen, die nur aus einem Messzeitpunkt besteht. Dadurch können größere Stichproben leichter rekrutiert werden, was unter anderem bei der inferenzstatistischen Datenauswertung von Vorteil ist.

4.3.2   Nachteile

In der entwicklungspsychologischen Literatur werden vor allem die Nachteile hervorgehoben, die mit Querschnittsuntersuchungen verbunden sind (vgl. z.B. Berk, 2005; Trautner, 1997):

- **Konfundierung von Alter und Kohorte:** Die untersuchten Personen sind nicht nur unterschiedlich alt, sondern stammen auch aus verschiedenen Kohorten (hier: Geburtsjahrgänge). So ist beispielsweise ein 80-jähriger Proband nicht nur älter als eine 20-jährige Versuchsperson, sondern war auch anderen kulturellen, sozialen und politischen Bedingungen ausgesetzt. Dadurch ist unklar, ob Unterschiede zwischen den Altersgruppen auf Alters- oder auf Kohorteneffekte zurückzuführen sind. Alter und Kohorte sind in Querschnittsstudien somit konfundiert (vermischt).

- **Konstruierte Entwicklungsverläufe:** In Querschnittsstudien werden *Entwicklungsverläufe* einzelner Personen (intraindividuelle Veränderungen) nicht gemessen, sondern lediglich auf Grundlage der Messungen unterschiedlich alter Personen konstruiert. Auch der Vergleich verschiedener Personen hinsichtlich ihrer Entwicklung (Betrachtung interindividueller Unterschiede in den intraindividuellen Veränderungen) kann somit nicht vorgenommen werden. Stattdessen können lediglich die Mittelwerte und Streuungen unterschiedlich alter Probanden verglichen werden. Damit werden nur *Entwicklungszustände* von Personen abgebildet.

- **Statistische Ineffizienz:** Im Vergleich zu Längsschnittsuntersuchungen finden keine Messwiederholungen an denselben Versuchspersonen statt. Dadurch bleiben systematische Unterschiede zwischen einzelnen Probanden im Verlauf der Messungen unberücksichtigt und können folglich nicht zur Vorhersage einzelner Messwerte durch das statistische Modell beitragen. Die Vorhersage ist dadurch unpräziser. Um zu denselben statistischen Ergebnissen zu gelangen, werden daher in Querschnittsstudien in der Regel mehr Versuchspersonen benötigt als in Längsschnittsstudien.

- **Selektive Stichproben:** Die verglichenen Altersgruppen stellen selektive Stichproben dar, die nur bedingt miteinander vergleichbar sind. So sind beispielsweise 80-jährige Menschen im Durchschnitt aufgrund eines bestimmten Lebensstils überhaupt erst 80 Jahre alt geworden. Demnach unterscheiden sich diese Personen nicht nur aufgrund ihres Alters, sondern auch bezüglich ihres Lebensstils, von 20-jährigen Personen, die das achtzigste Lebensjahr nicht alle erreichen werden.

- **Fragwürdige Generalisierbarkeit:** Die gewonnenen Ergebnisse der Untersuchung hängen vom aktuellen kulturellen, sozialen und politischen Kontext ab und lassen sich somit nicht zwangsläufig auf zukünftige Stichproben verallgemeinern. Dieser Einwand gegenüber Querschnittsstudien trifft jedoch auf sämtliche empirische Untersuchungen zu.

4.4 Längsschnittsdesigns

Längsschnittsdesigns kommen in der Entwicklungspsychologie im Vergleich zu Querschnittsstudien deutlich seltener zum Einsatz (Trautner, 1997).

> Als Längsschnittsdesign bezeichnet man eine Form der Datenerhebung, bei der *dieselben Personen wiederholt zu mehreren Zeitpunkten* untersucht werden.

Definition

Zum Beispiel kann man 100 Kinder in den Jahren 2012 bis 2014 halbjährlich wiederholt hinsichtlich ihrer Medienkompetenz untersuchen. Im Anschluss kann der Entwicklungsverlauf der Medienkompetenz in Abhängigkeit des Alters ausgewertet werden.

Beispiel

4.4.1 Zeitreihen

In der entwicklungspsychologischen Grundlagenliteratur werden Zeitreihen zum Teil als Spezialfall des Längsschnittsdesigns dargestellt, zum Teil hiervon abgegrenzt (vgl. Petermann & Rudinger, 2002; Rietz & Rudinger, 2007).

Definition   ▌   Zeitreihen sind eine zeitabhängige Folge von Messungen.

Beispiele   Wetterbeobachtungen stellen beispielsweise Zeitreihen dar. Innerhalb der Psychologie könnten zum Beispiel Zeitreihen hinsichtlich der Konzentrationsfähigkeit von Personen in einem 60-minütigen Intervall erzeugt werden, indem diese minütlich gemessen wird.

Gemeinsamkeiten   Wie beim Längsschnittsdesign werden auch bei Zeitreihen Daten derselben Per-
und Unterschiede   sonen zu mehreren Zeitpunkten erhoben. Diesbezüglich unterscheiden sich Zeit-
reihen und Längsschnittsuntersuchungen nicht. Allerdings kann man typische Zeitreihen aufgrund folgender Punkte von Längsschnittsstudien abgrenzen (vgl. Rietz & Rudinger, 2007):

- **Zeitlicher Abstand der Messungen:** Häufig ist der zeitliche Abstand zwischen einzelnen Messungen bei Zeitreihen deutlich geringer als bei Längsschnittsstudien. Während Zeitreihen zum Teil nur einen Abstand von wenigen Millisekunden vorsehen, kann sich der Zeitraum in Längsschnittsuntersuchungen über mehrere Jahre erstrecken.

- **Anzahl an Messzeitpunkten:** Zeitreihen bestehen in der Regel aus zahlreichen Messzeitpunkten (häufig über 50 Messungen), während sich Längsschnittsstudien zumeist auf einige wenige Erhebungen beschränken.

- **Eingesetzte Auswertungsverfahren:** Die Auswertung von Zeitreihen erfolgt typischerweise mittels Zeitreihenanalysen. Diese statistische Auswertung stellt eine Spezialform der Regressionsanalyse dar und dient der Vorhersage von Entwicklungsverläufen. Längsschnittsuntersuchungen werden hingegen häufig mit Hilfe messwiederholter, varianzanalytischer Methoden ausgewertet.

4.4.2 Vorteile

In der entwicklungspsychologischen Literatur werden vornehmlich die Vorteile von Längsschnittsstudien im Vergleich zu Querschnittsuntersuchungen herausgestellt (z.B. Trautner, 1997):

- **Messung von Entwicklungsverläufen:** In Längsschnittsuntersuchungen werden *Entwicklungsverläufe* einzelner Personen (intraindividuelle Veränderungen) gemessen und nicht nur konstruiert. Diese Verläufe können auch mit anderen Personen verglichen werden (Betrachtung interindividueller Unterschiede in den intraindividuellen Veränderungen).

- **Feststellung der Stabilität von Entwicklungsmerkmalen:** Durch Längs-schnittsdesigns kann das Ausmaß der intraindividuellen Stabilität eines Merkmals erfasst werden. Beispielsweise kann man überprüfen, wie gut die Leistungsmotivation Zehnjähriger ihre zukünftige Leistungsmotivation vor-hersagt (z.B. mit 30 Jahren).

- **Statistische Effizienz:** Durch Messwiederholungen an denselben Versuchs-personen werden systematische Unterschiede zwischen einzelnen Probanden (z.B. bezüglich ihrer Medienkompetenz) erfasst und in der Folge die Fehler-varianz der Studie reduziert. Daher werden in Längsschnittsstudien in der Regel weniger Versuchspersonen als in Querschnittsdesigns benötigt.

- **Vergleichbarkeit der Altersgruppen:** Die Altersgruppen sind besser mitei-nander vergleichbar, da dieselben Personen mehrfach untersucht wurden.

4.4.3 Nachteile

Längsschnittsdesigns sind ebenfalls mit einer Reihe von Nachteilen verbunden (z.B. Trautner, 1997):

- **Konfundierung von Alter und Testzeitpunkt:** Auch bei Längsschnitts-untersuchungen tritt eine Konfundierung auf, nämlich zwischen Alter und Erhebungszeitpunkt. Werden etwa im Jahr 2000 20-jährige Probanden unter-sucht, so sind diese im Jahr 2020 notgedrungen 40 Jahre alt. Unklar ist dem-nach, ob Unterschiede zwischen den beiden Messungen altersbedingt oder durch veränderte kulturelle, soziale und politische Bedingungen zustande gekommen sind. Beispielsweise könnte die erhöhte wahrgenommene Gefahr eines terroristischen Angriffs sowohl auf Altersunterschiede zwischen 20- und 40-jährigen Personen zurückführbar sein als auch auf unterschiedliche Testzeitpunkte (Jahr 2000 versus Jahr 2020).

- **Testungseffekte:** Messergebnisse können in Längsschnittsstudien durch vo-rangegangene Messungen beeinflusst werden. Grundsätzlich sind solche Te-stungseffekte stärker, je mehr Messwiederholungen vorgenommen werden und je geringer die Abstände zwischen den einzelnen Messungen sind. Man unterscheidet unter anderem zwischen folgenden Effekten:

  - **Übungseffekte:** Durch Wiederholung der Messungen werden die Probanden mit der Zeit vertrauter mit dem Untersuchungsverfahren.

  - **Gewöhnungseffekte:** Die allgemeine Testerfahrung steigt an.

  - **Sättigungseffekte:** Das Interesse an der Studie nimmt mit der Zeit ab.

- **Alterung des Messinstrumentes:** Im Untersuchungsverlauf altern die ein-gesetzten Messinstrumente. So kann zum Beispiel ein eingesetzter allgemei-ner Wissenstest nach mehreren Jahren veraltet sein. In diesem Fall stellt sich die Frage, ob der Test durch einen aktuellen ersetzt oder beibehalten werden soll. Während das Ersetzen die Vergleichbarkeit der beiden Tests einschränken kann, kann die Beibehaltung dazu führen, dass irrelevantes, veraltetes Wissen durch den Test überprüft wird.

- **Hoher Aufwand:** Längsschnittsstudien sind mit einem hohen Aufwand verbunden. Hiervon sind verschiedene Beteiligte betroffen:

  - **Versuchspersonen:** Probanden müssen nicht einmalig, sondern mehrfach an der Untersuchung teilnehmen. Sofern es sich nicht um eine Online-Untersuchung oder Telefonbefragung handelt, kann sich beispielsweise durch einen Wohnortswechsel die Anfahrtszeit beträchtlich erhöhen. In der Folge dürfte die Bereitschaft sinken, weiterhin an der Studie teilzunehmen.

  - **Versuchsleiter:** Auch für die Versuchsleiter sind Längsschnittsuntersuchungen mit größerem Aufwand verbunden, da dieselben Probanden mehrfach zur Teilnahme bewegt werden müssen. In mehreren Querschnittsstudien können hingegen unterschiedliche Probanden einbezogen werden.

  - **Versuchsauswerter:** Durch Messwiederholung und das selektive Ausscheiden von Versuchspersonen (siehe unten) ist die statistische Datenauswertung in der Regel anspruchsvoller und aufwendiger als bei Querschnittsanalysen.

  - **Wissenschaftler:** Auch für projektverantwortliche Wissenschaftler kann der längere Untersuchungszeitraum von Nachteil sein, da die Ergebnisse teilweise erst am Ende der Studie veröffentlicht werden können. Dies kann die wissenschaftliche Karriere der Forscher behindern.

  - **Geldgeber:** Geldgeber erhalten häufig erst am Ende der Studie Informationen über die Ergebnisse, die dann bereits veraltet sein können.

- **Selektive Stichproben:** Auch bei Längsschnittsstudien besteht das Problem selektiver Stichproben. So nehmen beispielsweise nur bestimmte Probanden an einer langwierigen Untersuchung mit mehreren Messzeitpunkten teil. Dadurch liegt bereits eine selektive Ausgangsstichprobe vor. Im Verlauf des Längsschnittes werden verschiedene Versuchspersonen ausscheiden. Diese Drop-outs (Abbrecher) treten systematisch auf, beispielsweise durch Wohnortswechsel oder eine unzureichende Motivation zur weiteren Teilnahme.

- **Fragwürdige Generalisierbarkeit:** Die gewonnenen Erkenntnisse der Längsschnittsstudie lassen sich nicht zwingend auf andere, nicht untersuchte Kohorten verallgemeinern, sondern sind vom kulturellen, sozialen und politischen Kontext abhängig. Dieser Einwand trifft jedoch für sämtliche empirische Untersuchungen zu.

4.5 Sequentielle Versuchspläne von Schaie

Schaie (1965) hat die aufgeführten Konfundierungen bei Längsschnitts- und Querschnittsuntersuchungen aufgegriffen und in seinem allgemeinen Entwicklungsmodell drei Einflussgrößen bei Entwicklungsvorgängen voneinander unterschieden[1]:

Drei Einflussgrößen

- **Alter:** Nach Schaie (1965) sind Alterseffekte Ausdruck neurophysiologischer Reifungsprozesse bei Personen, die in der untersuchten Lebensspanne aufgetreten sind. In Tab. 3 finden sich Alterseffekte beim Vergleich verschiedener Diagonalen. Beispielsweise kann man 60-jährige mit 80-jährigen Menschen vergleichen.

- **Kohorte:** Die zweite Einflussgröße bezieht sich auf das Geburtsjahr der Probanden. Diese gibt an, ob die Versuchspersonen der gleichen Kohorte angehören. Inhaltlich verknüpft Schaie (1965) diese Größe mit unterschiedlichen Umweltbedingungen vor dem ersten Testzeitpunkt und/oder genetischen Unterschieden zwischen den Probanden unterschiedlicher Geburtsjahrgänge. Kohorteneffekte sind in Tab. 3 an unterschiedlichen Zeilenmittelwerten ablesbar.

- **Testzeitpunkt:** Testzeiteffekte sind nach Schaie (1965) auf gemeinsame Umweltbedingungen aller Personen oder auf allgemeine Umweltveränderungen zurückführbar. Diese Effekte können in Tab. 3 anhand unterschiedlicher Spaltenmittelwerte festgestellt werden. Zum Beispiel ließen sich die Testzeitpunkte 1920 und 1940 miteinander vergleichen.

Tab. 3: Beispielhafte Darstellung der Einflussgrößen bei Entwicklungsvorgängen nach Schaie (1965).

Geburtsjahr	Alter								
1880	0	20	40	60	80	-	-	-	-
1900	-	0	20	40	60	80	-	-	-
1920	-	-	0	20	40	60	80	-	-
1940	-	-	-	0	20	40	60	80	-
1960	-	-	-	-	0	20	40	60	80
Testzeitpunkt	1880	1900	1920	1940	1960	1980	2000	2020	2040

---

[1] Das Konvergenzmodell von Bell (1953) kann als Vorläufer von Schaies (1965) Sequenzmodellen betrachtet werden (Trautner, 1997).

Querschnitts-,
Längsschnitts- sowie
Zeitwandelmethode

Tab. 3 mit den drei enthaltenen Einflussgrößen kann dazu dienen, die herkömmliche Querschnitts- und Längsschnittsuntersuchung, sowie die sogenannte Zeitwandelmethode als Sonderfälle in Schaies Modell zu illustrieren:

- Querschnittsdesign: Das Querschnittsdesign findet sich in Tab. 4 in den einzelnen Spalten wieder. Beispielsweise könnten zum Testzeitpunkt 1940 Probanden zwischen 0 und 60 Jahren untersucht werden. Die bereits erörterte Konfundierung von Alter und Kohorte (Geburtsjahr) ist dabei erkennbar.

- Längsschnittsdesign: Längsschnittsuntersuchungen werden in der Tabelle zeilenweise repräsentiert. Zum Beispiel kann man in den Jahren zwischen 1960 und 2040 die Datenerhebung wiederholt an denselben Probanden vornehmen, die 1960 geboren wurden (vgl. Tab. 4). Hierbei werden jedoch Alter und Testzeitpunkt konfundiert.

- Zeitwandelmethode: Bei der Zeitwandelmethode werden Personen gleichen Alters aus verschiedenen Kohorten und zu unterschiedlichen Testzeitpunkten untersucht. Zeitwandeluntersuchungen – in der Tabelle in den Diagonalen zu finden – dienen beispielsweise dazu, den Einfluss der historischen Zeit auf bestimmte Altersgruppen zu erfassen. Bei diesem Verfahren sind Kohorte (Geburtsjahr) und Testzeitpunkt konfundiert. In Tab. 4 wurde eine Zeitwandelstudie für 80-jährige abgetragen.

Tab. 4: Beispielhafte Darstellung des Querschnitts- und Längsschnittsdesigns sowie der Zeitwandelmethode nach Schaie (1965).

Geburtsjahr	Alter								
1880	0	20	40	60	80	-	-	-	-
1900	-	0	20	40	60	80	-	-	-
1920	-	-	0	20	40	60	80	-	-
1940	-	-	-	0	20	40	60	80	-
1960	-	-	-	-	0	20	40	60	80
Testzeitpunkt	1880	1900	1920	1940	1960	1980	2000	2020	2040

Drei
Sequenzmodelle

Schaie (1965) postuliert im Rahmen seines allgemeinen Entwicklungsmodells drei Sequenzmodelle. Sequenz bezieht sich auf die Komponenten Alter, Kohorte und Testzeitpunkt, die in einer bestimmten Reihenfolge untersucht werden:

- **Kohortensequenzmethode:** Bei der Kohortensequenzmethode werden mehrere Kohorten in aufeinanderfolgenden Altersstufen betrachtet. Man kann auch von Längsschnittssequenzen sprechen, da mehrere Längsschnitte zu verschiedenen Kohorten erhoben werden. Systematisch variiert und erfasst werden die Variablen Alter und Kohorte, während der Testzeitpunkt unberücksichtigt bleibt. In Tab. 5 werden beispielhaft 60- und 80-jährige Personen der Geburtsjahrgänge 1880, 1900 und 1920 miteinander verglichen.

Schaie (1965) empfiehlt, Kohortensequenzpläne zur Überprüfung der Generalisierbarkeit von Altersverläufen über verschiedene Geburtsjahrgänge einzusetzen.

- **Quersequenzmethode:** Die Quersequenzmethode untersucht unterschiedliche Kohorten zu verschiedenen Testzeitpunkten. Systematisch variiert und
erfasst werden somit Kohorte und Testzeitpunkt, während das Alter in diesem Versuchsplan keine Berücksichtigung findet. Tab. 5 illustriert beispielhaft eine Quersequenz für die Geburtsjahrgänge 1940 und 1960 zu den drei
Messzeitpunkten 1980, 2000 und 2020. Quersequenzmethoden werden in
der Entwicklungspsychologie kaum eingesetzt, da Alterseffekte nicht erfasst
werden. Nach Schaie (1965) kann mit diesem Sequenzmodell die Generalisierbarkeit von Kohortenunterschieden zu verschiedenen Testzeitpunkten bei
Erwachsenen überprüft werden.

- **Testzeitsequenzmethode:** Bei der Testzeitsequenzmethode betrachtet man
mehrere Altersgruppen zu unterschiedlichen Testzeitpunkten. Diese Methode, die auch als Querschnittssequenz (*nicht* zu verwechseln mit der Quersequenzmethode) bezeichnet werden kann, erfasst und variiert folglich Alter
und Testzeit systematisch, Kohorteneffekte hingegen nicht. In Tab. 5 wurde
für die Altersstufen 0, 20 und 40 Jahre zu den Testzeitpunkten 1920 und
1940 das dazugehörige Sequenzmodell eingezeichnet. Schaie (1965) schlägt
den Einsatz von Testzeitsequenzen zur Überprüfung der Generalisierbarkeit
von Altersunterschieden über verschiedene Testzeiten vor.

Tab. 5: Beispielhafte Darstellung der drei Sequenzmodelle von Schaie (1965).

Geburtsjahr	Alter								
1880	0	20	40	60	80	-	-	-	-
1900	-	0	20	40	60	80	-	-	-
1920	-	-	0	20	40	60	80	-	-
1940	-	-	-	0	20	40	60	80	-
1960	-	-	-	-	0	20	40	60	80
Testzeitpunkt	1880	1900	1920	1940	1960	1980	2000	2020	2040

Zur Anwendung der Sequenzpläne empfiehlt Schaie (1965), eine der beiden
ausgewählten Einflussgrößen über eine größere Stufenanzahl zu variieren. Um
lang andauernde Untersuchungspläne zu vermeiden und dadurch den Zeit- und
Kostenaufwand zu reduzieren, sollten bei Testzeitsequenzen die Altersstufen und
bei Quersequenzmethoden die Anzahl an Kohorten erhöht werden. Kohorten-
sequenzmodelle haben den Nachteil, dass sowohl eine Erhöhung der Altersstufen
als auch eine Vergrößerung der Kohortenanzahl zwingend einen größeren Zeit-
aufwand nach sich ziehen.

Empfehlung von
Schaie (1965)

4.5.1 Vorteile

Die postulierten Sequenzmodelle von Schaie (1965) weisen mehrere Vorteile auf:

- **Forschungsanregend:** Die Untersuchungspläne sind zur Beschreibung von Entwicklungsvorgängen und Hypothesengenerierung über mögliche Entwicklungsdeterminanten einsetzbar. Beispielsweise könnte man beim Auftreten von Alterseffekten gezielt nach neurophysiologischen Reifungsprozessen suchen, die den Altersprozessen laut Schaie (1965) zugrunde liegen. Bei Kohorteneffekten sind gemäß Schaie (1965) unterschiedliche Umweltbedingungen vor dem ersten Testzeitpunkt oder genetische Unterschiede zwischen den Probanden unterschiedlicher Geburtsjahrgänge ins Auge zu fassen. Testzeiteffekte wären mit Hilfe von gemeinsamen Umweltbedingungen aller Personen sowie allgemeinen Umweltveränderungen zu erklären.

- **Flexibilität:** In Abhängigkeit der eigenen Problemstellung können jeweils zwei der drei Faktoren für den eigenen Versuchsplan ausgewählt werden. Interessiert man sich beispielsweise in erster Linie für Alters- und Kohorteneffekte, so kann man mit der Kohortensequenzmethode diese beiden Variablen unter Vernachlässigung des Testzeitpunktes untersuchen.

4.5.2 Nachteile

Die sequentiellen Versuchspläne von Schaie (1965) bergen jedoch auch eine Reihe von Problemen:

- **Konfundierung der Einflussgrößen:** Die drei Einflussgrößen lassen sich nicht unabhängig voneinander erfassen, sondern sind mathematisch immer mit einer anderen Einflussgröße konfundiert. Beispielsweise sind die in Tab. 5 eingezeichneten Alterseffekte zwischen 60- und 80-jährigen Personen der Kohortensequenzmethode mit dem Testzeitpunkt vermengt. Während die 60-jährigen Probanden in den Jahren 1940 bis 1980 untersucht werden, stellen die Jahre 1960, 1980 und 2000 die Testzeitpunkte für die 80-jährigen Versuchsteilnehmer dar. Will man die Konfundierung mit dem Testzeitpunkt vermeiden, so könnte man etwa auch bei den 60-jährigen die Datenerhebung in den Jahren 1960 bis 2000 durchführen. Dies würde allerdings zu einer Konfundierung zwischen Alters- und Kohorteneffekten führen, da sich die Geburtsjahrgänge der 60- und 80-jährigen Personen voneinander unterscheiden würden. 60-jährige Probanden würden dann den Geburtsjahrgängen 1900 bis 1940, 80-jährige hingegen den Jahrgängen 1880 bis 1920 angehören (vgl. Tab. 5).

- **Spekulative Erklärungen:** Baltes (1967) weist darauf hin, dass die Verknüpfung Schaies (1965) der drei Einflussgrößen Alter, Kohorte und Testzeitpunkt mit inhaltlichen Erklärungen spekulativ seien und erst in empirischen Studien überprüft werden müssten. So seien etwa Alterseffekte bei Personen nicht zwingend Ausdruck neurophysiologischer Reifungsprozesse, die in der untersuchten Lebensspanne aufgetreten sind. Gleiches gilt für die Verknüpfung zwischen Kohorteneffekten und unterschiedlichen Umweltbedingungen vor dem ersten Testzeitpunkt bzw. genetischen Unterschieden zwischen den Probanden unterschiedlicher Geburtsjahrgänge. Auch die Erklärung von Testzeiteffekten durch gemeinsame Umweltbedingungen aller Personen bzw. allgemeine Umweltveränderungen wird als spekulativ betrachtet.

- **Hoher Aufwand:** Die Durchführung der Sequenzmodelle – insbesondere der Kohortensequenzmethode – ist mit einem hohen (zeitlichen) Untersuchungsaufwand verbunden. Dies kann beispielsweise für Wissenschaftler und Geldgeber von Nachteil sein, da diese möglichst rasch auf die Ergebnisse der Gesamtuntersuchung zurückgreifen möchten (z.B. zur zügigen Veröffentlichung der Befunde). Aufgrund des hohen Aufwandes sind bisher nur relativ wenige Untersuchungen auf Grundlage der sequentiellen Versuchspläne von Schaie (1965) durchgeführt worden. In der Entwicklungspsychologie dominieren nach wie vor Querschnittsuntersuchungen.

4.6   Zweifaktorielles Modell von Baltes

Ausgehend von seiner Kritik (z.B. 1967, 1968) an den Sequenzmodellen von Schaie (1965) entwickelte Baltes ein zweifaktorielles Entwicklungsmodell. In diesem werden die beiden Variablen Alter und Kohorte weiterhin berücksichtigt, die Testzeit hingegen nicht mehr explizit (vgl. Tab. 6). Als Begründung für den Verzicht dieser Einflussgröße führt Baltes an, dass Alter und Testzeit sich auf den gleichen Abschnitt im Zeitkontinuum beziehen und daher austauschbar seien. Das Zeitkontinuum ist auch als Oberbegriff für die Variablen Alter und Testzeit zu verstehen.

Tab. 6: Beispielhafte Darstellung der beiden Einflussgrößen Alter und Kohorte nach dem Entwicklungsmodell von Baltes (1967).

Kohorte	Testzeit				
1880	1880	1900	1920	1940	1960
1900	1900	1920	1940	1960	1980
1920	1920	1940	1960	1980	2000
1940	1940	1960	1980	2000	2020
1960	1960	1980	2000	2020	2040
1980	1980	2000	2020	2040	2060
2000	2000	2020	2040	2060	2080
Alter →	0	20	40	60	80

Beispiel

Beispielsweise ist eine im Jahr 1990 geborene Person im Jahr 2010 20 Jahre alt. Weder zu einem früheren noch zu einem späteren Testzeitpunkt kann diese Person mit einem Alter von genau 20 Jahren untersucht werden.

Längsschnitts- und Querschnittsdesign sowie Zeitwandelmethode

Nach Baltes (1967) können mehrere Versuchspläne in die tabellarische Darstellung seines zweifaktoriellen Entwicklungsmodells abgetragen werden (Tab. 7):

- **Längsschnittsdesign:** Diese Versuchspläne werden in der Tabelle zeilenweise repräsentiert. Zum Beispiel kann man von 2000 bis 2060 die Datenerhebung wiederholt an Versuchspersonen vornehmen, die 2000 geboren wurden. Nach Baltes (1967) handelt es sich bei Längsschnittsuntersuchungen um adäquate Versuchspläne, da mit diesen Alterseffekte überprüft werden.

- **Zeitwandelmethode:** Zeitwandeluntersuchungen sind in der Tabelle spaltenweise abgetragen. Tab. 7 enthält beispielhaft eine Zeitwandelstudie 80-jähriger Probanden, die in den Jahren 1920 bis 1980 geboren wurden. Auch die Zeitwandelmethode stellt für Baltes (1967) einen adäquaten Versuchsplan dar, da Zellenunterschiede auf Kohorteneffekte zurückgeführt werden können.

- **Querschnittsdesign:** Das Querschnittsdesign findet sich in Tab. 7 in den einzelnen Diagonalen wieder. Beispielsweise können zum Testzeitpunkt 1980 Probanden zwischen 0 und 60 Jahren untersucht werden. Im Gegensatz zu den beiden anderen Versuchsplänen sind Querschnittsstudien nach Baltes (1967) inadäquat, da bei diesen Alter und Kohorte (Geburtsjahr) miteinander konfundiert sind.

Tab. 7: Beispielhafte Darstellung der Querschnitts-, Längsschnitts- und Zeitwandelmethode nach dem Entwicklungsmodell von Baltes (1967).

Kohorte	Testzeit				
1880	1880	1900	1920	1940	1960
1900	1900	1920	1940	1960	1980
1920	1920	1940	1960	1980	2000
1940	1940	1960	1980	2000	2020
1960	1960	1980	2000	2020	2040
1980	1980	2000	2020	2040	2060
2000	2000	2020	2040	2060	2080
Alter →	0	20	40	60	80

Drei Sequenzmodelle

Durch das Wegfallen der Testzeit in dem Entwicklungsmodell von Baltes (1967) gelangt dieser zu folgenden Sequenzmodellen:

- **Längsschnittssequenz:** Hier werden unterschiedliche Kohorten in aufeinanderfolgenden Altersstufen untersucht. Dieses Modell entspricht somit der

Kohortensequenzmethode von Schaie (1965), welches in Tab. 5 auf Seite 87 dargestellt ist.

- **Querschnittssequenz:** Bei der Querschnittssequenz werden verschiedene Altersstufen aus mehreren Kohorten gemessen. Schaie (1965) bezeichnet dieses Sequenzmodell als Testzeitsequenzmethode. Dieses ist ebenfalls in Tab. 5 auf Seite 87 zu finden.

- **Zeitwandelsequenz:** Wie bei der Querschnittssequenz werden hier ebenfalls unterschiedliche Altersstufen aus mehreren Kohorten erfasst. Dabei interessiert man sich jedoch nicht für die unterschiedlichen Kohorten, sondern für den durchschnittlichen Zeitwandel der verschiedenen Altersgruppen. Baltes interpretiert dortige Effekte als Alters- und Kohorteneffekte und nicht als Alters- und Testzeiteffekte wie bei Schaies (1965) Quersequenzmethode (vgl. Tab. 5 auf Seite 87).

4.6.1 Vorteile

Das zweifaktorielle Entwicklungsmodell von Baltes (1967) ist mit zwei Vorteilen verbunden:

- **Forschungsanregend:** Wie bei Schaie (1965) sind die Untersuchungspläne zur Beschreibung von Entwicklungsvorgängen und Hypothesengenerierung über mögliche Entwicklungsdeterminanten einsetzbar.

- **Aufgabe spekulativer Erklärungen:** Baltes (1967) weist die inhaltlichen Erklärungen Schaies (1965) zu den Einflussgrößen zurück und betont, dass die postulierten Ursachen (z.B. neurophysiologische Reifungsprozesse bei Alterseffekten) erst mittels empirischer Studien überprüft werden müssen.

4.6.2 Nachteile

Das Entwicklungsmodell von Baltes (1967) beinhaltet jedoch auch mehrere Probleme:

- **Notwendigkeit dreier Faktoren:** Auch im zweifaktoriellen Entwicklungsmodell von Baltes (1967) wird auf die drei Faktoren Alter, Kohorte und Testzeit Bezug genommen (vgl. Tab. 6 auf Seite 89), auch wenn die Testzeit dort nicht als eigenständige Variable Berücksichtigung findet. Somit stellt sich die Frage, ob es sich tatsächlich um ein zweifaktorielles, und nicht doch um ein dreifaktorielles Design handelt. In einem dreifaktoriellen Design bleibt das Problem der Konfundierung weiterhin bestehen.

- **Inhaltliche Berechtigung der drei Faktoren:** Trautner (1997) weist darauf hin, dass die von Schaie (1965) vorgenommene Unterscheidung der drei Einflussgrößen Alter, Kohorte und Testzeitpunkt inhaltlich sinnvoll sein kann. So können in Abhängigkeit der untersuchten Fragestellung bei Schaie zwei der drei Faktoren für den Versuchsplan ausgewählt werden. Dies ist im

Modell von Baltes (1967) durch die Zusammenfassung der Variablen Alter und Testzeitpunkt nicht mehr möglich.

• **Hoher Aufwand:** Wie bei Schaie (1965) sind die dargestellten Sequenzmodelle mit einem hohen Untersuchungsaufwand verbunden. Dies kann wie bereits erwähnt für Wissenschaftler und Geldgeber von Nachteil sein, da diese möglichst rasch auf die Ergebnisse der Gesamtuntersuchung zurückgreifen möchten. Durch den hohen Aufwand wurden die aufgeführten Sequenzmodelle in der Entwicklungspsychologie bisher nur selten eingesetzt. Stattdessen dominieren nach wie vor Querschnittsuntersuchungen.

4.7 Weitere Entwicklungen zur Schaie-Baltes-Kontroverse

4.7.1 Beilegung der Schaie-Baltes-Kontroverse

Die Kontroverse zwischen Schaie und Baltes wurde in einem gemeinsamen Artikel im Jahr 1975 beigelegt (Schaie & Baltes, 1975). Dabei wurden die Gemeinsamkeiten und Unterschiede ihrer Modelle herausgestellt:

• **Zwei Untersuchungspläne zur Beschreibung von Entwicklung ausreichend:** Die beiden Forscher stimmen darin überein, dass zur Beschreibung von Entwicklung die zwei von Baltes vorgeschlagenen Untersuchungspläne ausreichen.

• **Primäres Ziel der drei Sequenzmodelle:** Baltes und Schaie sind sich ferner darin einig, dass das primäre Ziel der drei Sequenzmodelle die Überprüfung der spezifischen Erklärungsmodelle von Schaie ist.

• **Spekulative Erklärungen:** Unterschiedliche Positionen beziehen Schaie und Baltes nach wie vor bezüglich der von Schaie postulierten inhaltlichen Erklärungen zu den Entwicklungsfaktoren Alter, Kohorte und Testzeitpunkt. Während Schaie diese drei Variablen mit spezifischen Entwicklungsfaktoren verknüpft (z.B. Alter mit neurophysiologischen Reifungsprozessen) und sie kausal interpretiert, weist Baltes dies als spekulativ zurück.

4.7.2 Schaies Revision seines allgemeinen Entwicklungsmodells

1986 hat Schaie sein allgemeines Entwicklungsmodell aus dem Jahr 1965 und seine gemeinsame Position mit Baltes aus dem Jahr 1975 grundlegend revidiert und weiter ausgearbeitet. Folgende zentrale Gedanken werden dabei von ihm verfolgt (Schaie, 1986):

- **Loslösung der drei Variablen von der kalendarischen Zeit:** Die Variablen Alter, Kohorte und Testzeit sollten von der kalendarischen Zeit losgelöst werden, damit die drei Faktoren nicht mehr wechselseitig abhängig sind.

- **Unterschiedlicher Erklärungsgehalt von Periode und Alter:** Kohorte und Testzeit – jetzt von Schaie als Periode bezeichnet – besitzen für ihn nun mehr Erklärungsgehalt als das Alter. Dies gelte insbesondere für das Erwachsenenalter.

- **Bedeutung des Begriffes Periode:** Unter den Begriff Periode fallen laut Schaie historische Ereignisse, die sich auf die Entwicklung auswirken. Der Effekt hänge dabei nicht vom Zeitpunkt, sondern von der Art des historischen Ereignisses ab.

- **Kohorte als Selektionsvariable:** Die Kohorte wird als Selektionsvariable verstanden und umfasst neben dem Geburtsjahrgang auch Ereignisse wie etwa Schuleintritt, Ruhestand, Scheidung, Arbeitslosigkeit und Krankheiten.

- **Kein Erklärungsgehalt mehr durch das chronologische Alter:** Im chronologischen Alter fänden zwar Veränderungen statt, jedoch würde das Alter selbst nichts mehr erklären.

4.8 Zusammenfassung und Fazit

Abb. 15 fasst das Kapitel zum Thema Untersuchungsdesigns in Form einer Mind Map zusammen.

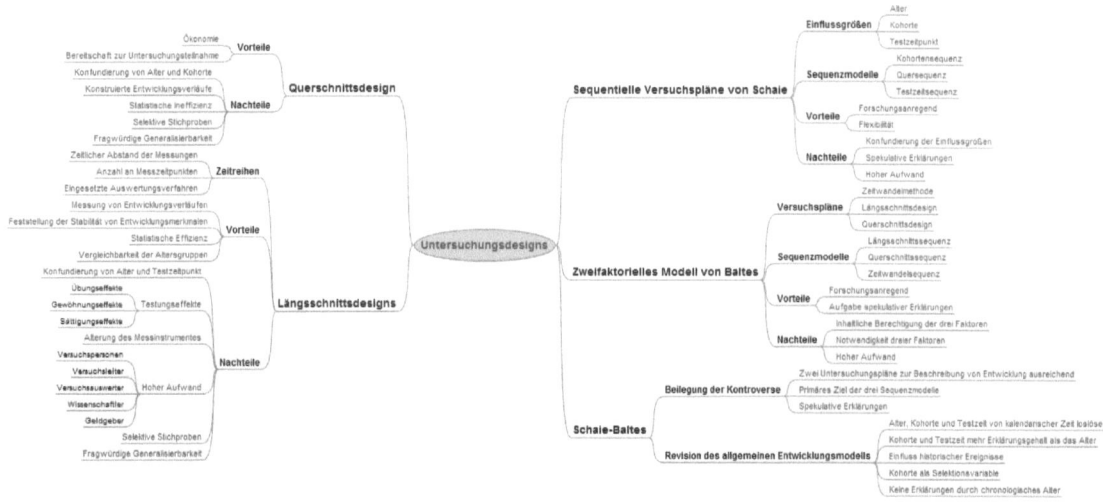

Abb. 15: Mind Map zum Kapitel Untersuchungsdesigns.

Grundsätzliche
Probleme mit der
Variable Alter

In der Entwicklungspsychologie spielt das Alter eine entscheidende Rolle. Mit dieser Variablen gehen aber mehrere Nachteile einher (vgl. z.B. Rudinger & Rietz, 2006; Trautner, 1997):

- **Konfundierung mit anderen Variablen:** Das Alter ist bei der Datenerhebung mit anderen Variablen konfundiert, etwa mit der Kohortenzugehörigkeit oder dem Testzeitpunkt. Trotz der Ansätze und Bemühungen von Schaie und Baltes bleibt dieses Problem bestehen. Nur mit Hilfe fraglicher Zusatzannahmen (z.B. der Gleichsetzung von Alter und Testzeit bei Baltes) kann dieses Problem umgangen werden.

- **Inhaltsleere Variable:** Einige Entwicklungspsychologen argumentieren, dass das Alter eine inhaltsleere Variable sei und selbst nichts erkläre (z.B. Montada, 2008). Stattdessen seien andere Prozesse für gemessene Altersunterschiede im menschlichen Verhalten und Erleben verantwortlich. Beispielsweise könnten bestimmte kognitive Fähigkeiten ein gewisses Maß an Vorwissen voraussetzen, welches typischerweise erst in einem bestimmten Lebensalter erworben wird. Damit wäre nicht das Erreichen eines bestimmten Alters für diese kognitiven Fähigkeiten verantwortlich, sondern der Erwerb des benötigten Vorwissens.

- **Organismusvariable:** Das Alter ist eine Organismusvariable und als solche experimentell nicht manipulierbar. Durch den Einbezug des Alters in eine experimentelle Studie wird diese zwingend zum Quasiexperiment (Kapitel 2.6.1) und gefährdet hierdurch die interne Validität der Untersuchung (Kapitel 3.6.4). Im Vergleich zu anderen typischen Organismusvariablen wie etwa Expertise oder andere kognitive Kompetenzen kann das Alter im Vorfeld der Studie nicht experimentell induziert werden.

Zusammenfassung

Zusammengefasst besitzen die im Kapitel vorgestellten Versuchspläne unterschiedliche Vor- und Nachteile. Querschnitts- und Längsschnittsdesigns sowie sequentielle Versuchspläne (vgl. Tab. 8) sollten in Abhängigkeit der konkreten Fragestellung ausgewählt werden. Sie können dabei mit den bereits vorgestellten Arten der Datenerhebung (Kapitel 2) beliebig kombiniert werden.

Tab. 8: Übersichtsdarstellung über die einzelnen Untersuchungsdesigns, die in diesem Kapitel erörtert wurden.

	Ein Messzeitpunkt	Mehrere Messzeitpunkte
Eine Altersgruppe	*Keine* entwicklungspsychologische Fragestellung	Längsschnittsdesign mit einer Altersgruppe
Mehrere Altersgruppen	Querschnittsdesign	Z.B. sequentielle Versuchspläne von Schaie

4.9   Lernfragen

1. Wodurch ist ein Querschnittsdesign gekennzeichnet?

2. Welche Vor- und Nachteile besitzt das Querschnittsdesign?

3. Wie ist das Längsschnittsdesign definiert?

4. Wie unterscheiden sich Zeitreihen von Längsschnittsdesigns?

5. Welche Vor- und Nachteile bieten Längsschnittsdesigns?

6. Welche drei Einflussgrößen sind nach Schaie (1965) bei Entwicklungsvor-
    gängen zur berücksichtigen?

7. Wie verknüpft Schaie (1965) diese drei Einflussgrößen inhaltlich?

8. Skizzieren Sie die Zeitwandelmethode!

9. Erörtern Sie die drei Sequenzmodelle von Schaie (1965)!

10. Welche Vor- und Nachteile besitzt der Ansatz von Schaie (1965)?

11. Diskutieren Sie Baltes Kritik (z.B. 1967, 1968) an Schaie!

12. Beschreiben Sie das zweifaktorielle Modell von Baltes (1967)!

13. Welche Gemeinsamkeiten und Unterschiede haben Schaie und Baltes (1975)
    in ihrem gemeinsam veröffentlichten Artikel herausgestellt?

14. Welche zentralen Gedanken verfolgt Schaie (1986) in der Revision seines
    allgemeinen Entwicklungsmodells?

5 Datenauswertung

5.1 Übersicht und Lernziele

Das fünfte Kapitel erörtert die Datenauswertung empirischer Studien. Dabei wird – nach Darstellung verschiedener Arten von Variablen – die Eingabe, Aufbereitung und Visualisierung von Daten vorgestellt. Aspekte zur Überprüfung aufgestellter Hypothesen schließen sich an sowie die Angabe von Effektgrößen zu den einzelnen Befunden. Besondere Bedeutung besitzt in diesem Kapitel die Berücksichtigung von Drittvariablen.

Folgende Lernziele werden in diesem Kapitel verfolgt:

- Welche verschiedenen Variablenarten kann man bei der Datenauswertung unterscheiden?

- Was ist bei der Eingabe, Aufbereitung und Visualisierung von Daten zu beachten?

- Wie sollte die Hypothesenüberprüfung vorgenommen werden und welche Vorteile besitzt die Angabe von Effektgrößen?

- Wie können Drittvariablen bei der Datenauswertung Berücksichtigung finden?

5.2 Einleitung

Die Datenauswertung stellt einen wichtigen Bestandteil einer entwicklungspsychologischen Untersuchung dar, über die man sich bereits im Vorfeld der Erhebung Gedanken machen sollte (vgl. Bortz & Döring, 2006). Nach der Datenerhebung (Überführung der empirischen Relative in numerische Relative, siehe Kapitel 1), d.h. Messung, kann die Eingabe und Aufbereitung des Datenmaterials vorgenommen werden. Dabei sind die Rohdaten in interpretierbare, charakteristische Kennwerte zu überführen und Ergebnisse zu visualisieren. Zudem überprüft man die im Vorfeld aufgestellten Hypothesen. Für sämtliche Ergebnisse sollten standardisierte Effektgrößen berechnet und mitgeteilt werden. Drittvariablen können bei der Datenauswertung statistisch unterschiedlich berücksichtigt werden. Grundsätzliches Ziel der Datenauswertung ist das Auffinden von Mustern in den empirisch gewonnenen Zahlen (numerisches Relativ).

5.3   Variablenarten

Bei der Datenauswertung finden verschiedene Variablenarten Berücksichtigung. Grob unterscheidet man zwischen unabhängigen und abhängigen Variablen (bzw. zwischen Prädiktorvariablen und Kriteriumsvariablen) sowie Drittvariablen (vgl. Kapitel 2.6).

5.3.1   Unabhängige Variablen bzw. Prädiktorvariablen

Definition

Unabhängige Variablen bzw. Prädiktorvariablen stellen Variablen dar, mit deren Hilfe eine abhängige Variable vorhergesagt werden soll.

Varianz- und Regressionsanalyse

Während die unabhängige Variable bei der Varianzanalyse und im Rahmen eines Experimentes vom Versuchsleiter gezielt verändert wird (vgl. Kapitel 2.6), ist dies bei Prädiktorvariablen im Kontext der Regressionsanalyse und nicht experimenteller Studien *nicht* der Fall. Gleichwohl sind Varianz- und Regressionsanalyse bei der Datenauswertung mathematisch identisch (vgl. z.B. Bortz, 2005; Moosbrugger, 2002).

Beispiel

In einer Untersuchung kann man beispielsweise eine Gruppe, die ein Trainingsprogramm zum Erwerb mathematischer Kompetenzen erhält, mit einer Kontrollgruppe ohne ein solches Trainingsprogramm vergleichen. Als Vergleichsmaßstab bietet sich die Messung der mathematischen Fähigkeiten der Probanden an. In diesem Fall liegt eine zweifachgestufte unabhängige Variable vor, die die mathematischen Fähigkeiten als abhängige Variable vorhersagen soll. Dadurch wird geprüft, ob das Trainingsprogramm zu einer Verbesserung der mathematischen Fähigkeiten führt.

Weitere Prädiktorvariablen

Neben manipulierbaren Versuchssituationen können auch Personenvariablen als Prädiktorvariablen fungieren. Zum Beispiel kann die Intelligenz der Probanden als vorhersagende Variable für die mathematischen Fähigkeiten dienen. Von zentraler Bedeutung im entwicklungspsychologischen Kontext ist das Alter der Personen, welches ebenfalls als Prädiktorvariable herangezogen werden kann.

5.3.2   Abhängige Variablen bzw. Kriteriumsvariablen

Definition

Abhängige Variablen bzw. Kriteriumsvariablen sind Variablen, deren Werte mit Hilfe der unabhängigen Variablen vorhergesagt werden sollen.

Varianz- und Regressionsanalyse

Im Rahmen einer Varianzanalyse werden Variablen als abhängige Variablen bezeichnet, deren Werte mit Hilfe der unabhängigen Variablen vorhergesagt werden sollen. Im Kontext einer Regressionsanalyse spricht man von Kriteriumsvariablen.

Wie im Beispiel zu unabhängigen Variablen bzw. Prädiktorvariablen aufgeführt, könnten die mathematischen Kompetenzen der Probanden gemessen werden und als abhängige Variable dienen.

Beispiel

5.3.3 Drittvariablen

> Drittvariablen stellen einen Oberbegriff für alle Variablen dar, die weder als unabhängige noch als abhängige Variablen zu bezeichnen sind.

Definition

Beispielsweise kann man beim Vergleich einer Trainingsbedingung mit einer Kontrollbedingung im Hinblick auf den Erwerb mathematischer Kompetenzen die Intelligenzleistungen der Probanden als Drittvariablen heranziehen. Diese kann etwa als sogenannte Moderatorvariable in Erscheinung treten und den Zusammenhang zwischen Prädiktorvariable und Kriterium beeinflussen (moderieren). Zum Beispiel kann das Training bei Personen mit höherem IQ einen größeren bzw. geringeren Effekt besitzen als bei Probanden mit niedrigerem IQ. Weitere Informationen zur Berücksichtigung von Drittvariablen bei der Datenauswertung liefert das Kapitel 5.5.

Beispiel

Moderatorvariablen können von Mediatorvariablen abgegrenzt werden. Eine Moderatorvariable ist eine Drittvariable, die den Einfluss einer Prädiktorvariable auf eine Kriteriumsvariable moderiert. Der moderierende Einfluss wird als Moderatoreffekt, Interaktionseffekt oder Wechselwirkungseffekt bezeichnet. Beispielsweise könnten soziale Ressourcen (z.B. Familie, Freunde usw.) den Zusammenhang zwischen Stress und Gesundheit moderieren. Hoher Stress könnte sich etwa bei Personen mit niedrigen sozialen Ressourcen besonders negativ auf die Gesundheit auswirken (Abb. 16).

Moderatorvariablen

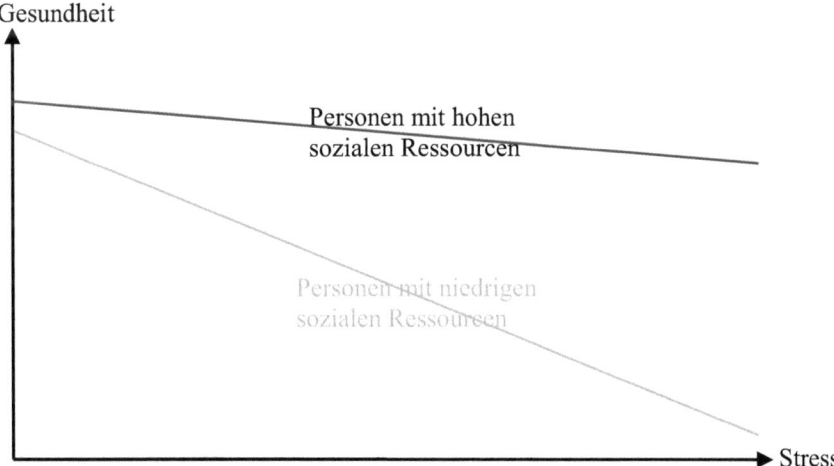

Abb. 16: Fiktiver Zusammenhang zwischen Stress, sozialen Ressourcen (hohe versus niedrige soziale Ressourcen) und Gesundheit.

Mediatorvariablen

Eine Mediatorvariable ist eine Drittvariable, *durch welche* eine Prädiktorvariable eine Kriteriumsvariable beeinflusst. Beispielsweise könnten wahrgenommene Ressourcen als Mediatorvariable den Einfluss von Stress auf die Gesundheit vermitteln. Nach Abb. 17 wirkt sich Stress einzig über die wahrgenommenen Ressourcen auf die Gesundheit aus. Denkbar wäre darüber hinaus ein direkter Einfluss von Stress auf Gesundheit, der in Abb. 17 jedoch *nicht* eingezeichnet wurde. Auch komplexere Beziehungsgeflechte wie zum Beispiel moderierende Mediatoren oder mediatierende Moderatoren können existieren. Weiterführende Informationen zu diesem Thema finden sich unter anderem bei Baron und Kenny (1986).

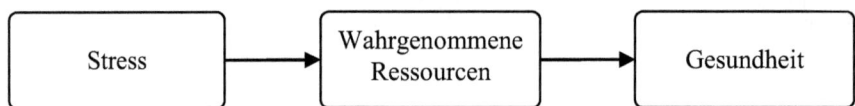

Abb. 17: Fiktiver Zusammenhang zwischen Stress, wahrgenommenen Ressourcen und Gesundheit.

5.4   Zusammenfassung von Daten

5.4.1   Dateneingabe

	VPN	Expertise	Redundanz	FAM1 mw	FAM2 mw	behalten phase1	verständnis phase1	behalten phase2	verständnis phase2	behalten gesamt	verständnis gesamt	CL_beh
1	1	0	1	4,56	4,28	4	4	10	8	14	12	
2	2	0	0	3,28	3,94	1	0	0	1	1	1	
3	3	0	1	4,00	3,33	0	2	2	0	2	2	
4	4	1	1	3,50	3,50	4	2	10	6	14	8	
5	5	1	0	3,78	3,56	4	4	10	7	14	11	
6	6	0	0	3,89	3,56	5	4	10	8	15	12	
7	7	1	0	4,17	4,44	4	3	10	8	14	11	
8	8	0	1	3,39	4,00	3	0	8	8	11	8	
9	9	0	1	4,06	3,89	4	4	10	8	14	12	
10	10	0	0	3,39	3,22	3	1	7	5	10	6	
11	11	1	1	3,33	3,00	2	1	5	7	7	8	
12	12	1	1	2,94	3,72	0	3	4	3	4	6	
13	13	1	0	3,33	3,22	4	3	9	8	13	11	
14	14	0	0	3,28	3,39	2	2	9	7	11	9	
15	15	1	0	3,39	3,33	3	1	9	9	12	10	
16	16	0	1	3,72	3,22	3	2	9	8	12	10	
17	17	1	1	4,00	3,94	2	1	9	6	11	7	
18	18	0	0	1,89	2,89	2	1	9	7	11	8	
19	19	0	0	3,89	3,72	4	3	10	8	14	11	
20	20	0	1	3,06	4,22	3	4	10	9	13	13	

Abb. 18: Beispielhafter Ausschnitt einer Datenmatrix aus SPSS.

Vor der Auswertung müssen die Daten zunächst in eine Matrix überführt werden. Diese Matrix sollte zeilenweise die untersuchten Versuchspersonen enthalten, die Variablen werden spaltenweise abgetragen (Abb. 18). Zur besseren Zuordnung der Probanden bietet sich die Vergabe einer Versuchspersonennummer in der ersten Spalte an. Die Daten aus einer entwicklungspsychologischen Untersuchung stehen zuweilen bereits in elektronischer Form zur Verfügung und müssen nicht mehr per Hand eingegeben werden. Sofern man Fragebögen in Papierform eingesetzt hat, sind die Ergebnisse jeder Versuchsperson einzugeben. Im Vorfeld sollte jeder Fragebogen mit der entsprechenden Versuchspersonennummer nummeriert werden, um eine leichtere Zuordnung zu gewährleisten.

Für den Aufbau der Matrix und die Überführung der Daten in diese Matrix können folgende Empfehlungen gegeben werden (vgl. Bühl, 2008):

Empfehlungen zur Dateneingabe

- **Prägnante Variablenbezeichnungen verwenden:** Mittlerweile sind die Variablennamen in Statistikprogrammen wie z.B. SPSS meist nicht mehr auf acht Zeichen begrenzt. Insofern können inhaltlich aussagekräftige Bezeichnungen verwendet werden. Trotzdem sollten diese Namen möglichst kurz sein, um die Übersichtlichkeit der Matrix zu wahren. Sofern das Statistikprogramm zusätzliche Variablenbeschreibungen anbietet, sollten diese für ausführlichere Darstellungen der Variablen genutzt werden.

- **Datenmatrix übersichtlich ordnen:** Die Datenmatrix selbst sollte eine „innere Ordnung" aufweisen. Beispielsweise bietet es sich an, Einzelitems zu einem bestimmten Konstrukt (z.B. das Vorwissen des Probanden) in unmittelbarer räumlicher Nähe zu gruppieren. Insgesamt habe ich mit folgender Variablenreihenfolge gute Erfahrungen gemacht: Versuchspersonennummer, unabhängige Variablen, abhängige Variablen (nur Summen- oder Durchschnittswerte), relevante Drittvariablen (nur Gesamtwerte), Einzelitems der abhängigen Variablen, Einzelitems sämtlicher Drittvariablen sowie sonstige Variablen (vgl. Abb. 18).

- **Codierungen einheitlich festlegen:** Die in der Untersuchung genutzten Variablenausprägungen können – wie zum Beispiel beim Alter der Versuchsperson – zum Teil unmittelbar übernommen werden. Bei einigen Variablen (z.B. beim Geschlecht des Probanden) ist jedoch eine Umkodierung erforderlich. Derartige Transformationen sollten konsistent vollzogen werden. Beispielsweise bietet es sich an, bei Ja/Nein-Fragen einheitlich für „Ja" durchgängig eine bestimmte Zahl zu verwenden und für „Nein" durchgängig eine andere. Diese Zuordnungen sollten in den entsprechenden Wertelabels vermerkt werden, sofern das Statistikprogramm dies anbietet. Durch die Nutzung von Wertelabels wird auch das Ablesen der Ergebnisausgabe erleichtert.

- **Eingegebene Daten überprüfen:** Im Anschluss an die Eingabe und *vor* der eigentlichen Auswertung sollte man die Daten auf Eingabefehler überprüfen. Dies kann unter anderem durch Ermittlung deskriptivstatistischer Kennwerte erfolgen. Zum Beispiel kann man die Minimal- und Maximalwerte einer Variablen ermitteln und diese mit zuvor bestimmten Grenzen vergleichen. So sollte beispielsweise bei einem Lerntest, bei dem zwischen null und zehn Punkten erzielt werden können, keine Person einen Punktwert unter Null oder über Zehn aufweisen. Auch die Prüfung auf (logische) Unstimmigkeiten ist sinnvoll (z.B. ein Alter von 20 Jahren und eine Semesterzahl von 12).

5.4.2 Datenaufbereitung

Umgang mit
fehlenden Daten

Eine Herausforderung bei der Datenaufbereitung stellen fehlende Werte (missing data bzw. missing values) dar. Für den Umgang mit diesen Daten stehen mehrere Möglichkeiten zur Verfügung. Vor allem moderne Verfahren, wie etwa Maximum Likelihood Schätzungen oder multiple Imputationsverfahren (vgl. Peugh & Enders, 2004), sind im Vergleich zu traditionellen Ansätzen (z.B. einfaches Löschen oder aber Ersetzen durch den Mittelwert) mit einer Reihe von statistischen Vorteilen verbunden. Sie kommen aber in der entwicklungspsychologischen Forschung bisher nur selten zum Einsatz (vgl. Peugh & Enders, 2004).

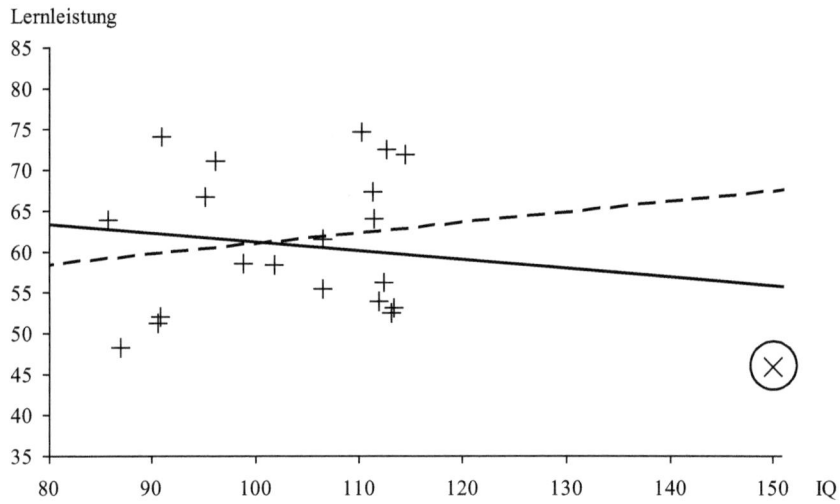

Abb. 19: Fiktiver Zusammenhang zwischen Intelligenz und Lernleistung in einer E-Learning Umgebung. Ein Kreuz (+) stellt eine von 20 Versuchspersonen (bzw. 21 mit Ausreißer) dar. Ohne Berücksichtigung des umkreisten Ausreißers (unten rechts) zeigt sich ein schwacher, positiver Zusammenhang (gestrichelte, ansteigende Regressionsgerade). Bezieht man den Ausreißer hingegen mit ein, so ist die Korrelation hingegen leicht negativ ausgeprägt (durchgezogene, abfallende Regressionsgerade).

Ausreißer

Eine besondere Bedeutung bei der Datenaufbereitung besitzen Ausreißerwerte. Ausreißerwerte sind Extremwerte, die sich deutlich von der erhobenen Messwertreihe abheben. Sie können einen erheblichen Einfluss auf die Datenauswertung ausüben. Abb. 19 visualisiert die Intelligenz- und Lernleistungen von 20 bzw. 21 (mit dem Ausreißer) fiktiven Versuchspersonen. Wird der Ausreißer mit einem IQ-Wert von 150 und einer Lernleistung von 46 Punkten bei der Ermittlung der Vorhersagegerade *nicht* berücksichtigt, so ergibt sich ein schwacher, positiver Zusammenhang ($r = 0.15$) zwischen den beiden Variablen. Die dazugehörige gestrichelte Regressionsgerade steigt folglich leicht an. Wird der einzelne Ausreißerwert hingegen mit einbezogen, ist der Zusammenhang zwischen IQ und Lernleistung leicht negativ ($r = -0.17$). Die dazugehörige lineare Regressionsgerade wurde in Abb. 19 als durchgezogene, abfallende Linie eingezeichnet.

Für die Feststellung von Ausreißern existiert *kein* allgemein gültiges Standardverfahren. Unter anderem können folgende Methoden angewandt werden (Lohninger, 2008):

Feststellung von Ausreißern

- **Ermittlung über die Standardabweichungen:** Diese Verfahren eignen sich vor allem, wenn die Verteilungen symmetrisch und unimodal (eingipfelig) sind.

    - **Bei Annahme der Normalverteilung:** In diesem Fall wird ein Wert als Ausreißer betrachtet, wenn er sich 2.5 (bzw. 3) Standardabweichungen ober- oder unterhalb des Mittelwertes befindet. Den in Abb. 19 dargestellten IQ-Wert von 150 würde man nach diesem Kriterium als Ausreißer eliminieren, da er sich etwa 3.15 Standardabweichungen über dem Mittelwert von 105.31 IQ-Punkten befindet.

    - **Ohne Normalverteilungsannahme:** Sofern die Datenwerte keiner Normalverteilung angehören, erfolgt die Eliminierung von Ausreißern vorsichtiger. Nach dem Theorem von Tschebyschow wird ein Intervall von vier Standardabweichungen ober- und unterhalb des Mittelwertes gewählt. Diesem Kriterium zufolge wäre der in Abb. 19 visualisierte IQ-Wert von 150 *kein* Ausreißer.

- **Ermittlung über den Interquartilsabstand:** Bei schiefen Verteilungen sollte die Feststellung von Ausreißern nicht über die Standardabweichungen erfolgen. Stattdessen bietet sich die Ermittlung auf Basis des Interquartilsabstandes (interquartile range, IQR) an. Der IQR ist definiert als der Abstand zwischen dem ersten (25%) und dritten (75%) Quartil. Die Bestimmung von Grenzwerten für Ausreißer erfolgt sodann über folgende Formel:

$$x_{0.25} - 1.5 \cdot IQR < x_i < x_{0.75} + 1.5 \cdot IQR$$

Dabei stellt $x_{0.25}$ das erste und $x_{0.75}$ das dritte Quartil dar. Beträgt der IQR beispielsweise 20 und das dritte Quartil ($x_{0.75}$) liegt bei 110, dann resultiert ein oberer Grenzwert von 140. Der obere Grenzwert für das oben aufgeführte Beispiel (Abb. 19) läge bei 138. Nach diesem Kriterium wäre der IQ-Wert von 150 als Ausreißerwert zu bezeichnen.

- **Ermittlung über diverse Ausreißertests:** Mehrere Autoren haben Tests entwickelt, um die Feststellung von Ausreißern vorzunehmen. Unter anderem kann hier der Ausreißertest nach Grubbs, der Dean-Dixon-Test, der Ausreißertest nach Walsh sowie der Nalimov-Test genannt werden. Entsprechende Formeln zu diesen Tests finden sich zum Beispiel im Internet unter:

    - www.statistics4u.info/fundstat_germ/cc_outlier_tests.html

    - http://de.wikipedia.org/wiki/Ausreißer

Manipulationsgefahr durch (fehlende) Ausreißerberücksichtigung

Durch die verschiedenen einsetzbaren Verfahren zur Feststellung von Ausreißern und den hohen Einfluss einzelner Ausreißerwerte auf die Datenauswertung können die Untersuchungsergebnisse leicht in eine bestimmte Richtung manipuliert werden. Dies gilt ebenso für das absichtliche Ignorieren von Ausreißern, um etwa signifikante Befunde nicht durch Beseitigung von Ausreißern aufgeben zu müssen. Derartige Probleme sind nicht nur statistischer, sondern vor allem ethischer Natur. In jedem Fall sollte die Eliminierung von Ausreißern hinreichend dokumentiert werden.

5.4.3 Datenvisualisierung

Empfehlungen zur Datenvisualisierung

Ein wichtiger Bestandteil der Datenauswertung ist die Visualisierung der Daten. Hierbei sind einige ausgewählte Empfehlungen für die Darstellung der erhobenen Daten zu beachten:

- **Daten in den Vordergrund stellen:** Bei der Datenvisualisierung sollten stets die im Datensatz befindlichen Informationen dargestellt und Abbildungen nicht zum Selbstzweck eingefügt werden. Abb. 20 illustriert diese Gestaltungsempfehlung, die mit der nachfolgenden Empfehlung zusammenhängt.

- **Weniger ist (oftmals) mehr:** Um die Daten in den Vordergrund zu stellen, bietet sich der Verzicht auf unnötige Designelemente an (vgl. auch Rost, 2005; Schnotz, 1994), die den Betrachter von den eigentlichen Informationen ablenken und das Ablesen von Daten erschweren (vgl. Abb. 20). Zu beachten ist, dass die Erstellung optisch ansprechender Abbildungen dieser Empfehlung *nicht* widersprechen muss!

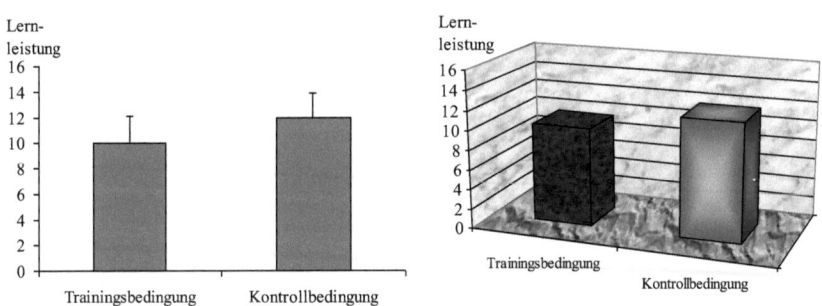

Abb. 20: Beispiele graphischer Veranschaulichungen. Links: Daten werden in den Vordergrund gestellt. Rechts: Visualisierungsmöglichkeiten werden in übertriebenem Maße ausgeschöpft.

- **Zusammenhänge in den Daten nicht vortäuschen:** Visualisierungen sollten *nicht* dazu genutzt werden, fehlende Zusammenhänge oder Unterschiede im Datensatz vorzutäuschen oder solche Fehlinterpretationen nahezulegen.

Dies kann beispielsweise durch (un-)geschickte Wahl der Achsenskalierung (Beller, 2008) und Verzicht auf Fehlerindikatoren entstehen. Abb. 21 illustriert das Vortäuschen von Unterschieden im Datensatz. Statt der in der linken Abbildung eingezeichneten Standardabweichungen könnten auch die Standardfehler als Fehlerindikatoren abgetragen werden. Die aufgeführte Empfehlung impliziert jedoch *nicht*, dass man die y-Achse zwangsläufig bei Null beginnen lassen muss. Besonders für Variablen, bei denen eine Merkmalsausprägung von Null de facto gar nicht erreicht werden kann (z.B. IQ-Werte), sollte die Skalierung nicht von Null aus starten, da hierdurch bestehende Merkmalsunterschiede leicht unterschätzt werden können.

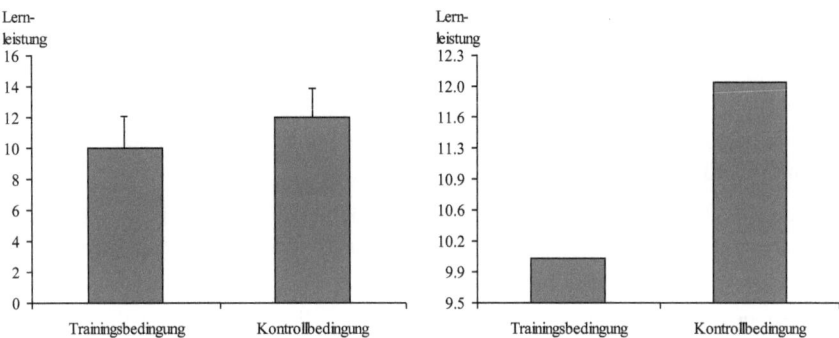

Abb. 21: Beispiele graphischer Veranschaulichungen. Links: Säulendiagramme mit nach oben abgetragenen Fehlerindikatoren (Standardabweichungen). Rechts: Säulendiagramme ohne Fehlerindikatoren und (un-)geschickte Wahl der Achsenskalierung, welche die Unterschiede zwischen den beiden Bedingungen stark hervorhebt.

- **Klarheit herstellen:** Dieser Aspekt bezieht sich auf eindeutige Beschriftungen in Visualisierungen, aber auch auf „semantische Eignung" der visuellen Merkmale (Schnotz, 1994). Beispielsweise sind verschiedene Farben zur Darstellung qualitativer Unterschiede (z.B. verschiedene politische Parteien) geeignet, nicht jedoch zur Abbildung quantitativer Merkmalsausprägungen (z.B. IQ-Leistungen). Schnotz (1994) versteht unter dem Begriff Klarheit auch die problemlose Erkennbarkeit der graphischen Elemente, die spontane visuelle Zusammenfassung zusammengehöriger Komponenten (beispielsweise aufgrund gleichen Aussehens oder räumlicher Nähe) sowie die eindeutige Zuordnung von Beschriftungen und visuellen Elementen. Darüber hinaus sollten in Abbildungen implizite Ordnungen (z.B. Wahl der Reihenfolge nach dem prozentualen Anteil) beachtet werden, die als ordnungsstiftende Elemente dienen können (Schnotz, 1994).

Weitere und spezifischere Gestaltungsempfehlungen finden sich bei Schnotz (1994), Schumann und Müller (2000) sowie Tufte (2001). Trotz dieser Hinweise müssen bei der Datenvisualisierung häufig Entscheidungen getroffen werden, zu denen *keine* spezifischen Gestaltungsempfehlungen vorliegen.

Weitere
Empfehlungen

5.4.4 Effektgrößenangabe

Definition

Die Größe eines Effekts gibt an, wie gut das gesuchte Muster in den Daten erkennbar ist, bzw. wie stark sich das gesuchte Signal vom Umgebungsrauschen unterscheidet. Die Effektgröße ist ein Maß für die praktische Bedeutsamkeit von Untersuchungsergebnissen.

Nach Bortz und Döring (2006) stellt die Effektgröße die „Differenz zwischen Parametern aus unterschiedlichen Populationen bzw. Abweichung eines (Zusammenhangs-)Parameters von Null" dar. Während der angegebene p-Wert einer Untersuchung zumeist auf die Wahrscheinlichkeitsangabe abzielt, dass ein postulierter Effekt (über)zufällig zustande gekommen ist (statistische Bedeutsamkeit), beschreibt die Effektgröße die praktische Bedeutsamkeit des Effekts. Allerdings hängt die praktische Bedeutsamkeit auch davon ab, welche Effektgröße man als inhaltlich relevant erachtet. Beispielsweise könnte eine Gewichtsabnahme von zwei Kilogramm bei einer Diät von einigen Personen als praktisch bedeutsam erachtet werden und von anderen nicht.

Vorteile durch die Angabe standardisierter Effektgrößen

In jedem Fall sollten in empirischen Studien neben Wahrscheinlichkeitsangaben auch standardisierte Effektgrößen berechnet und mitgeteilt werden. Dieses Vorgehen besitzt unter anderem folgende Vorteile:

- **Interpretierbarkeit der Ergebnisse:** Durch die *fehlende* Angabe von standardisierten Effektgrößen können die ermittelten Ergebnisse nur schwer interpretiert werden. Einerseits erreichen bereits sehr kleine Effekte bei großer Stichprobengröße statistische Signifikanz, ohne dass diese Effekte praktisch bedeutsam sind. Andererseits können auch große Effekte das gewünschte Signifikanzniveau verfehlen, wenn zu wenige Versuchspersonen an der Studie teilgenommen haben.

- **Vergleichbarkeit der Ergebnisse:** Standardisierte Effektgrößen dienen zur besseren Vergleichbarkeit der Ergebnisse verschiedener Untersuchungen. Liegen diese *nicht* vor, sind die ermittelten Effekte verschiedener Studien entweder nicht miteinander vergleichbar oder der Leser muss die entsprechenden Kenngrößen erst selbst ermitteln. Dies kann er aber nur, wenn alle Angaben in dem Untersuchungsbericht aufgeführt werden, die zur Berechnung der entsprechenden Kenngröße notwendig sind.

- **Aggregationsmöglichkeiten in Metaanalysen:** Auch die Zusammenfassung verschiedener Studien zu einer Metaanalyse wird durch standardisierte Effektgrößenangaben erleichtert. Eine Metaanalyse ist eine Zusammenfassung des aktuellen Forschungsstandes zu einer Fragestellung durch statistische Aggregation (Anhäufung) empirischer Einzelergebnisse. Diese Einzelergebnisse stammen aus empirischen Studien (Primärstudien), die inhaltlich homogen sind, d.h. vergleichbare Fragestellungen untersuchen. Zumeist wird mit Hilfe von Metaanalysen die Stärke eines bestimmten Effekts überprüft. Nähere Angaben zum Thema Metaanalysen finden sich beispielsweise im Fachbuch von Rustenbach (2003).

5.5 Berücksichtigung von Drittvariablen

Bei der Datenauswertung können neben unabhängigen und abhängigen Variablen auch Drittvariablen Berücksichtigung finden. Beispielsweise könnte der IQ-Wert einer Person als Drittvariable im Rahmen der Überprüfung eines neuen Trainingsprogramms herangezogen werden. Derartige Variablen können dabei in unterschiedlicher Form in die Analyse einfließen.

Nachfolgend werden ausgewählte Möglichkeiten der Berücksichtigung von Drittvariablen vorgestellt:

- Kovarianzanalyse   Überblick
- Median-Split
- Extremgruppenvergleich
- Regressionsanalysen
- Neuronale Netze

Neben diesen statistischen Verfahren kann auch auf Mediatoranalysen (Baron & Kenny, 1986) zurückgegriffen werden. Hierbei wird geprüft, ob der Einfluss der unabhängigen Variable bzw. Prädiktorvariable auf die abhängige Variable bzw. Kriteriumsvariable durch eine Drittvariable, die Mediatorvariable, vermittelt wird. Beispielsweise könnte geprüft werden, ob Intelligenz (Prädiktorvariable) den Berufserfolg (Kriteriumsvariable) nicht direkt bedingt, sondern indirekt über den Schulerfolg (Mediatorvariable, Kapitel 5.3.3).

5.5.1 Kovarianzanalyse

Bei der Kovarianzanalyse wird der Einfluss einer Drittvariablen – hier als   Definition
Kovariate bezeichnet – auf die abhängigen Variablen rechnerisch konstant
gehalten, d.h. ihr Einfluss wird herausgerechnet (herauspartialisiert).

Die Kovarianzanalyse stellt eine besonders einfache Möglichkeit bereit, eine   Beispiel
Drittvariable in die Datenanalyse einzubeziehen. Soll beispielsweise ein Trainingsprogramm mit einer Kontrollgruppe hinsichtlich ihrer Lernwirksamkeit verglichen werden, so könnte die erfasste Intelligenz der Probanden als Kovariate fungieren. Nach Durchführung der Kovarianzanalyse besitzen zufällig entstandene Mittelwertsunterschiede der IQ-Leistungen *keinen* Einfluss mehr auf mögliche Lernleistungsunterschiede (abhängige Variable) zwischen den beiden Bedingungen.

Angenommen, die durchschnittliche Intelligenz der in der Trainingsbedingung   Beispiel
befindlichen Probanden läge zufallsbedingt bei 100, der IQ der Teilnehmer unter der Kontrollbedingung hingegen bei 110 (Abb. 22 Mitte). Die Kovarianzanalyse erhöht nun rechnerisch den IQ-Mittelwert in der Trainingsbedingung auf ungefähr 105. Der Mittelwert in der Kontrollbedingung wird hingegen rechnerisch

auf etwa 105 gesenkt. Wenn die Lernleistungen mit den Intelligenzleistungen korrelieren, führt die Veränderung der IQ-Werte unmittelbar zu Änderungen der Lernleistungen der beiden Bedingungen. In diesem fiktiven Fall würden durch die positive Korrelation zwischen IQ und Lernleistung die ohnehin schon höheren Lernleistungen unter der Trainingsbedingung noch weiter erhöht, während die Leistungen unter der Kontrollbedingung hingegen gesenkt werden (Abb. 22).

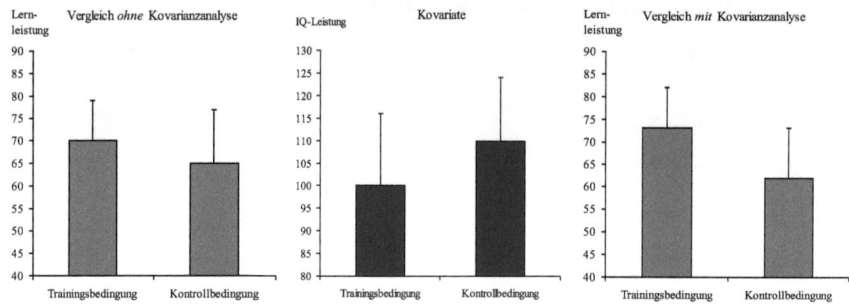

Abb. 22: Graphische Veranschaulichung der Kovarianzanalyse. Links: Vergleich der Lernleistungen *ohne* Kovarianzanalyse. Mitte: IQ-Leistungen (Kovariate). Rechts: Vergleich der Lernleistungen *mit* Kovarianzanalyse.

Voraussetzungen

Folgende Voraussetzungen müssen vorliegen, damit die Kovarianzanalyse einen (praktisch bedeutsamen) Einfluss bei der Datenanalyse annimmt (vgl. Bortz, 2005):

- Die Kovariate muss unterschiedliche Mittelwerte für die einzelnen Bedingungskombinationen annehmen. Liegen die IQ-Leistungen für die Trainings- und Kontrollbedingung zum Beispiel beide bereits exakt bei 105, dann führt die Kovarianzanalyse zu keiner Veränderung der Lernleistungen.

- Die Kovariate muss mit der abhängigen Variable korrelieren. Hängen beispielsweise Intelligenz- und Lernleistungen nicht miteinander zusammen, d.h. liegt die Korrelation exakt bei Null, dann führt die Kovarianzanalyse zu keiner Veränderung der Lernleistungen.

Mögliche Ergebnisse

Sind die genannten Voraussetzungen erfüllt, kann die Kovarianzanalyse zu zwei unterschiedlichen Ergebnissen führen:

- Unterschiede zwischen verschiedenen Versuchsbedingungen verstärken sich (wie in Abb. 22 illustriert). Durch die Durchführung der Kovarianzanalyse können zuvor nicht signifikante Ergebnisse statistisch bedeutsam werden.

- Unterschiede zwischen verschiedenen Versuchsbedingungen verringern sich. Dies kann soweit führen, dass signifikante Differenzen durch Berücksichtigung von Kovariaten nicht mehr überzufällig bedeutsam sind. In diesem Fall könnte man vermuten, dass Leistungsdifferenzen zwischen verschiedenen Versuchsgruppen nur durch unterschiedliche Ausprägungen der Kovariate zustande kamen.

Die Kovarianzanalyse ist eine einfache Methode, Drittvariablen bei der Daten-   Vor- und Nachteile
auswertung zu berücksichtigen. Der potentiell störende Effekt durch die Drittvariable wird rechnerisch neutralisiert und somit ein möglicher Einfluss vermieden.
Komplexe Zusammenhänge, die durch die Drittvariable bedingt sind, werden
durch die Kovarianzanalyse jedoch nicht aufgedeckt.

5.5.2 Median-Split

> Bei einem Median-Split wird die Drittvariable am Median (künstlich) di-   Definition
> chotomisiert, d.h. der Datensatz wird in zwei etwa gleichgroße Gruppen
> aufgeteilt.

Häufig werden Drittvariablen mittels Median-Split in der Datenanalyse berücksichtigt. Beispielsweise kann die Drittvariable Intelligenz dichotomisiert werden.
Es resultiert eine Gruppe mit niedrigen und eine andere Gruppe mit hohen Intelligenzleistungen (jeweils bezogen auf die untersuchte Stichprobe). Anschließend
vergleicht man die beiden Gruppen statistisch miteinander. Dies geschieht häufig
im Rahmen einer Varianzanalyse (zum Vergleich zwischen Kovarianzanalyse
und Median-Split siehe z.B. Bonett, 1982).

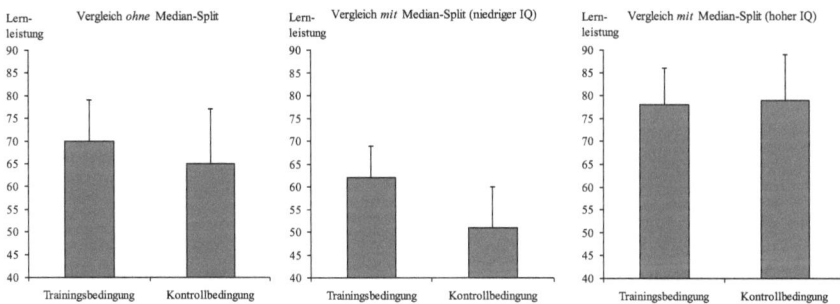

Abb. 23: Graphische Veranschaulichung des Median-Splits. Links: Vergleich der Lernleistungen
ohne Median-Split. Mitte: Vergleich der Lernleistungen *mit* Median-Split für die Gruppe mit niedrigen Intelligenzleistungen. Rechts: Vergleich der Lernleistungen *mit* Median-Split für die Gruppe mit
hohen Intelligenzleistungen.

Beispielsweise könnte bei einem Vergleich einer Trainings- mit einer Kontroll-   Beispiel
bedingung der durchschnittliche IQ-Wert aller Probanden 105 betragen. Teilt
man diese Personengruppe in eine Gruppe mit hoher und eine Gruppe mit niedriger Intelligenz auf, so könnte der IQ-Mittelwert der ersten Gruppe bei 95, der
zweiten Gruppe hingegen bei 115 liegen. Abb. 23 zeigt die Lernleistungen ohne
und mit Median-Split für dieses fiktive Beispiel. Lernunterschiede zwischen den
beiden Bedingungen sind vornehmlich durch Versuchspersonen mit eher niedriger Intelligenz zustande gekommen. Für Lernende mit hohen Intelligenzleistungen finden sich hingegen nahezu keine Lernleistungsunterschiede. Betrachtet

man Abb. 23 jedoch genau, kann man für Personen mit hohem IQ sogar einen leichten Leistungsvorteil der Kontrollbedingung entdecken.

Mögliche Ergebnisse Bei der Durchführung eines Median-Splits können drei Ergebnisse auftreten:

- Es zeigt sich kein (relevanter) Unterschied zwischen den beiden, künstlich erzeugten Teilgruppen (z.B. Probanden mit niedrigem und hohem IQ).

- In einer der beiden Teilgruppen tritt der Unterschied stärker auf als in der anderen Gruppe (siehe Abb. 23).

- Die beiden Teilgruppen reagieren auf die einzelnen Stufen der unabhängigen Variablen (beispielsweise Trainings- und Kontrollbedingung) entgegengesetzt. Während Versuchspersonen mit niedrigem IQ zum Beispiel von der Trainingsbedingung profitieren (vgl. Abb. 23), würden Personen mit hohem IQ unter der Kontrollbedingung bessere Leistungen erzielen.

Vor- und Nachteile Die Datenauswertung mittels Median-Split kann mit Statistikprogrammen einfach durchgeführt werden. Außerdem sind die Ergebnisse dieser Analyse meist leicht zu interpretieren. Methodiker kritisieren jedoch seit längerem die Verwendung eines Median-Splits bei der Datenauswertung (z.B. Cohen, 1983; Hutchinson, 2003; Irwin & McClelland, 2002; Royston, Altman, & Sauerbrei, 2006). Unter anderem kann die künstliche Dichotomisierung (Zweiteilung) der intervallskalierten Drittvariablen zu einem Informationsverlust und damit auch zu einem Verlust an Teststärke führen. Zudem werden Personen mittlerer Fähigkeitsausprägung in der Drittvariablen einer der beiden Gruppen (niedrige oder hohe Ausprägung) zugeordnet. Damit können potentielle Unterschiede zwischen Personen mittlerer Ausprägung und solchen mit niedriger oder hoher Ausprägung nicht aufgedeckt werden.

5.5.3 Extremgruppenvergleich

Definition Beim Extremgruppenvergleich erfolgt – ähnlich wie beim Median-Split – eine Dichotomisierung der Drittvariablen in zwei etwa gleichgroße Gruppen. Hierbei wird allerdings nicht der gesamte Datensatz berücksichtigt, sondern nur dessen Randbereiche.

Beispiel Zum Beispiel könnte man bei einer Personengruppe mit einem IQ-Mittelwert von 105 nur diejenigen Probanden auswählen, die einen IQ von unter 90 oder über 120 erzielt haben. Diese beiden Teilgruppen werden dann statistisch miteinander verglichen, während Lernende mit einem IQ zwischen 90 und 120 *nicht* in die Datenauswertung eingehen.

Vor- und Nachteile Das Verfahren weist große Ähnlichkeiten mit dem Median-Split auf und kann daher in gleicher Weise kritisiert werden. Da beim Extremgruppenvergleich häufig nur zwischen 20% und 50% der Daten in die statistische Analyse einfließen, ist der Informations- und damit einhergehende Teststärkenverlust noch größer als beim Median-Split. Wie beim Median-Split sind Extremgruppenvergleiche mit gängiger Statistiksoftware leicht zu bewerkstelligen.

5.5.4 Regressionsanalysen

Bei der Regressionsanalyse fließen die Drittvariablen als zusätzliche Prädiktoren in die Datenanalyse ein. Mit den Prädiktoren sollen die Kriteriumsvariablen der Studie vorhergesagt werden.

Definition

Beispielsweise könnte die Lernleistung als Kriteriumsvariable durch ein Regres-
sionsmodell mit den Prädiktoren Intelligenz und Art der Bedingung (Trainingsbedingung versus Kontrollbedingung) vorhergesagt werden. Sofern die Prädiktorvariablen *nicht* intervallskaliert sind, müssen diese zuvor mittels Indikator-
codierung in eine künstlich erzeugte, intervallskalierte Variable umgewandelt
werden (z.B. Bortz, 2005). Mit Hilfe von Regressionsanalysen können auch
Interaktionseffekte zwischen den einzelnen Prädiktoren aufgedeckt werden (z.B.
Moosbrugger, 2002).

Beispiel

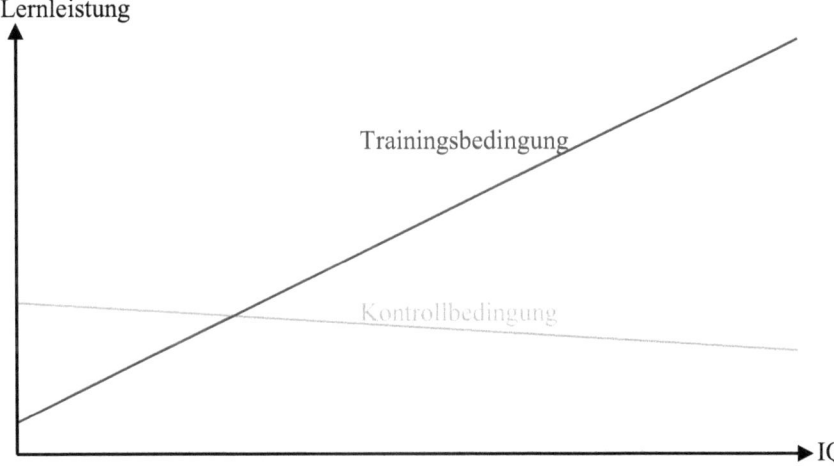

Abb. 24: Fiktiver Zusammenhang zwischen Intelligenz, Versuchsbedingung (Trainingsbedingung
versus Kontrollbedingung) und Lernleistung.

Als Interaktion oder Wechselwirkung bezeichnet man einen über die Haupteffek-
te (hier der Einfluss von Intelligenz und Versuchsbedingung auf die Lernleistung) hinausgehenden Effekt. Dieser ist dadurch zu erklären, dass mit der Kom-
bination einzelner Faktorstufen eine eigenständige Wirkung oder ein eigenständiger Effekt verbunden ist (z.B. Bortz, 2005). Ein Interaktionseffekt – auch Moderatoreffekt genannt – läge beispielsweise vor, wenn Versuchspersonen in Abhängigkeit ihrer Intelligenz unter den Versuchsbedingungen unterschiedliche

*Interaktionseffekt
und Beispiel*

Lernleistungen erreichen. Denkbar wäre, dass mit ansteigender Intelligenz die Lernleistungen von Probanden in der Kontrollbedingung geringfügig abnähmen, während Versuchsteilnehmer unter der Trainingsbedingung mit zunehmender Intelligenz bessere Leistungen erzielen würden (Abb. 24).

Vor- und Nachteile

Regressionsanalysen sind dem Median-Split und Extremgruppenvergleichen oftmals überlegen. Sie bieten dabei den Vorteil, komplexe Zusammenhänge aufdecken zu können, ohne dass der Anwender eine besonders hohe statistische Expertise aufweisen muss. Zudem werden diese Analysen von allen gängigen Statistikprogrammen in zahlreichen Varianten (z.B. hierarchische Regressionsanalysen) unterstützt. Die Erfassung komplexer, nonlinearer Zusammenhänge mittels Regressionsanalysen erweist sich allerdings häufig als schwierig.

5.5.5 Neuronale Netze

Definition

Neuronale Netze stellen einen Oberbegriff dar, der zahlreiche, zum Teil sehr unterschiedliche Modelle umfasst. Selbst traditionelle statistische Verfahren wie die Regressionsanalyse lassen sich als Spezialfälle neuronaler Netze beschreiben. Gemeinsam ist all diesen Netzen aber, dass Matrizenberechnungen durchgeführt werden und dabei Informationen aufgenommen, verarbeitet und ausgegeben werden.

Beispiel

Bezüglich der Informationsaufnahme würde man bei dem oben aufgeführten Beispiel Versuchsperson für Versuchsperson die Faktorstufen der unabhängigen Variablen (z.B. Null für Kontrollbedingung und Eins für Trainingsbedingung) sowie weitere Drittvariablen (z.B. die Intelligenz des jeweiligen Probanden) als Eingabewerte bereitstellen. Diese Informationen würden durch das Netz (Abb. 25) in mehreren Schritten verarbeitet und zugleich zu seiner Modifikation beitragen. Abschließend erfolgt die Informationsausgabe. So wird beispielsweise in Abhängigkeit der Versuchsbedingung (Trainings- oder Kontrollbedingung) und eines Intelligenzwertes die Lernleistung (abhängige Variable) vorhergesagt.

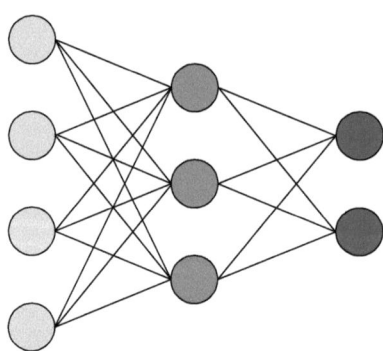

Abb. 25: Schematische Darstellung eines neuronalen Netzes.

Weiterführende Informationen

Weiterführende Informationen zu neuronalen Netzen finden Sie auf meiner Webseite www.neuronalesnetz.de oder in dem dazugehörigen Lehrbuch (Rey & Wender, 2010).

Abb. 26 visualisiert ein fiktives Beispiel zur Datenauswertung mittels neuronaler Netze. Hiernach würden Probanden mittlerer Intelligenz unter der Trainingsbedingung bessere Lernleistungen erzielen als niedrig- oder hochintelligente Versuchsteilnehmer. Denkbar wäre, dass die Trainingsbedingung für weniger intelligente Versuchspersonen zu schwer und für hochintelligente Lerner zu leicht ist. Unter der Kontrollbedingung hingegen zeigen die meisten Benutzer eine ähnliche Lernleistung. Erst bei hoher Intelligenz nimmt die Lernleistung mit steigender Intelligenz der Probanden rasch zu.

Beispiel

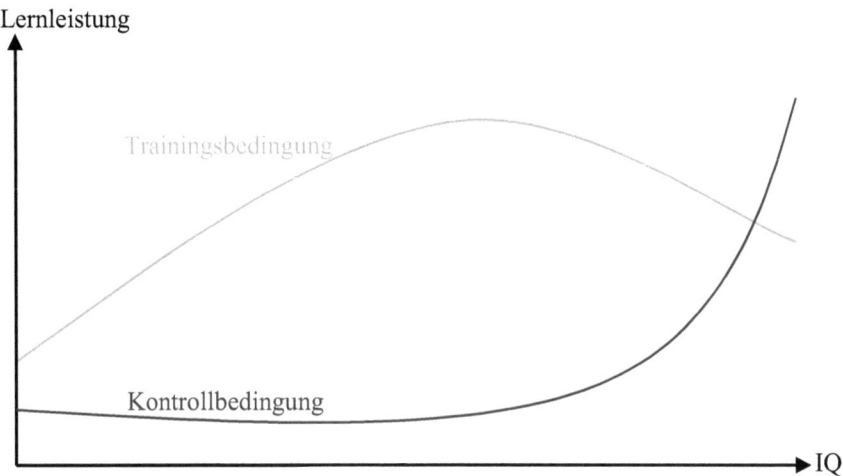

Abb. 26: Fiktiver, nonlinearer Zusammenhang zwischen Intelligenz, Versuchsbedingung (Trainingsbedingung versus Kontrollbedingung) und Lernleistung.

Innerhalb der psychologischen Forschung werden erhobene Daten mittels (künstlicher) neuronaler Netze derzeit nur sehr selten analysiert. Dabei weisen diese bei der Datenauswertung diverse Vorteile auf (z.B. Weber, 2001). So können sie beispielsweise komplexe, nonlineare Zusammenhänge im Datensatz aufdecken (Rey & Wender, 2010). Zwar können derartige Zusammenhänge ebenfalls mit Hilfe des Allgemeinen Linearen Modells (ALM) detektiert werden (z.B. Moosbrugger, 2002), jedoch ist dort die Vorgabe eines spezifischen Modellterms (z.B. x^2) notwendig. Auch andere komplexe Zusammenhänge lassen sich mittels neuronaler Netze mitunter besser aufdecken als mit herkömmlichen statistischen Verfahren. Zu beachten ist dabei, dass sich diese traditionellen Verfahren mathematisch auch als Spezialfälle neuronaler Netze darstellen lassen und es sich somit beispielsweise bei der Regressionsanalyse ebenfalls um ein neuronales Netz handelt.

Vorteile

Nachteilig bei neuronalen Netzen im Rahmen der Datenauswertung sind die häufig schwierige Interpretation der komplexen, nonlinearen Zusammenhänge und die benötigte Expertise des „Netzwerkarchitekten". Zudem werden neurona-

Nachteile

le Netze nicht von allen Statistikprogrammen unterstützt. Außerdem ist die Gefahr des Overfittings der Daten besonders groß (Rey & Wender, 2010).

Problem: Overfitting

Das Problem des Overfittings wird in der Literatur auch als capitalization on chance oder Bias-Varianz-Dilemma bezeichnet. Dieses Problem tritt auf, wenn zufällige Variationen im (Trainings-)Datensatz durch das Modell und deren unabhängige Variablen miterfasst werden. In diesem Fall prognostiziert das neuronale Netz zwar die Daten der ursprünglich untersuchten Stichprobe sehr gut, nicht aber die Messwerte einer neuen Stichprobe. Eine Verallgemeinerung des Modells auf die Grundgesamtheit ist folglich nicht statthaft (Rey & Wender, 2010). Dem Problem kann durch Replikation (Wiederholung) des Versuchs oder Kreuzvalidierung begegnet werden. Bei der Kreuzvalidierung wird die Stichprobe in zwei Untergruppen unterteilt:

- **Trainingsmenge:** Diese Teilstichprobe dient zur Berechnung des (Vorhersage-)Modells. Beispielsweise könnten die erhobenen Intelligenzleistungen und andere Daten der Untersuchungsteilnehmer aus der Studie zur Berechnung des Modells herangezogen werden.

- **Validierungsmenge:** Diese Teilmenge wird *nicht* zur Berechnung, sondern ausschließlich zur Überprüfung des Modells herangezogen. Denkbar wäre die Prüfung des Modells an einer neuen, noch zu erhebenden Gruppe von Versuchspersonen.

5.5.6 Zusammenfassung

Zusammenfassender
Überblick

Tab. 9 fasst Gemeinsamkeiten und Unterschiede der Kovarianzanalyse, dem Median-Split bzw. dem Extremgruppenvergleich, der Regressionsanalyse sowie neuronaler Netze zusammen. Die aufgeführten Eigenschaften der vier verschiedenen statistischen Verfahren – wie etwa Overfitting der Daten – beruhen auf eigenen Erfahrungswerten. Ergänzende Simulationsstudien könnten durchgeführt werden, um diese zu stützen oder zu widerlegen.

Tab. 9: Tabellarische Darstellung ausgewählter Eigenschaften für die statistischen Verfahren Kovarianzanalyse, Median-Split/Extremgruppenvergleich, Regressionsanalysen und neuronale Netze.

	Kovarianz-analyse	Median-Split / Extremgrup-penvergleich	Regressions-analysen	Neuronale Netze
Statistischer Ansatz	Rechnerische Konstanthaltung	Aufteilung des Datensatzes in zwei Teile	Erfassung (zumeist) linearer Zusammenhänge	Erfassung (zumeist) komplexer, nonlinearer Zshg.
Aufdeckung komplexer Zu-sammenhänge	Sehr gering	Gering	Mittel	Hoch
Informations-verlust	Sehr hoch	Hoch	Gering	Sehr gering
Overfitting der Daten	Sehr gering	Gering	Mittel	Hoch
Interpretier-barkeit der Ergebnisse	Sehr einfach	Einfach	Mittel	Schwierig
Benötigte statistische Expertise	Gering	Gering	Gering	Hoch
Unterstützung durch Statistik-software	Hoch	Hoch	Sehr hoch	Eher gering
Vorteile	Einfaches Verfahren; Gefahr des Overfittings gering	Einfaches Verfahren; Gefahr des Overfittings gering	Relativ einfaches, gut unterstütztes Verfahren	Aufdeckung komplexer Zu-sammenhänge
Nachteile	Keine Aufdeckung komplexer Zusammenhänge	Nahezu keine Aufdeckung komplexer Zu-sammenhänge	Nonlineare Zu-sammenhänge schwieriger aufzudecken	Schwierig anzuwenden; Gefahr des Overfittings besonders hoch

5.6   Hypothesenüberprüfung

5.6.1   Grundlagen der Inferenzstatistik

Die Datenauswertung dient häufig zur Überprüfung von Hypothesen, die im Vorfeld einer Untersuchung aufzustellen sind. Beispielsweise könnte man die Hypothese H_1 aufstellen, dass ein Trainingsprogramm zum Erwerb mathematischer Kompetenzen im Vergleich zu einer Kontrollgruppe ohne ein solches Trainingsprogramm zu einer Verbesserung der mathematischen Fähigkeiten führt. Dazu könnte man zunächst die Mittelwerte der Lernleistung beider Gruppen berechnen und diese in einem Diagramm abtragen (Abb. 27).

Beispiel

Zufallseinflüsse

Auch wenn die Mittelwerte, wie in Abb. 27 dargestellt, für die Hypothese H_1 sprechen, ist es möglich, dass Zufallseinflüsse zu den besseren Leistungen in der Trainingsbedingung geführt haben. Zum Beispiel könnten trotz zufälliger Zuweisung der Versuchspersonen auf die beiden Bedingungen in die Trainingsgruppe vermehrt Personen enthalten sein, die vor Beginn der Untersuchung über höhere mathematische Kompetenzen verfügen. Um derartige Zufallseinflüsse mit möglichst hoher Wahrscheinlichkeit ausschließen zu können, bedient man sich der Inferenzstatistik.

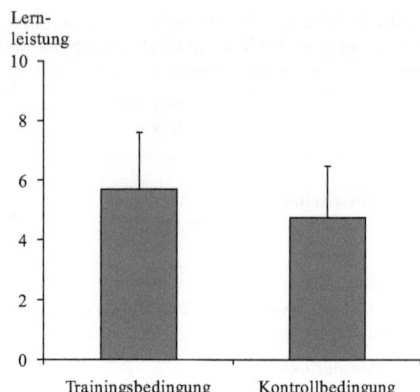

Abb. 27: Graphische Veranschaulichung der Mittelwerte und nach oben abgetragenen Fehlerindikatoren (Standardabweichungen) für die Trainings- und Kontrollbedingung.

Inferenzstatistik und Nullhypothese

In der Inferenzstatistik wird die Wahrscheinlichkeit ermittelt, dass die Muster, die bei der Datenauswertung in den Zahlen gefunden wurden, zufällig entstanden sind. Die dazugehörige Hypothese wird als Nullhypothese (H_0) bezeichnet. Im oben aufgeführten Beispiel würde man der Nullhypothese zufolge annehmen, dass Lernleistungsunterschiede zwischen der Trainings- und Kontrollgruppe zufällig entstanden sind und nicht auf Einflüssen durch das Trainingsprogramm beruhen.

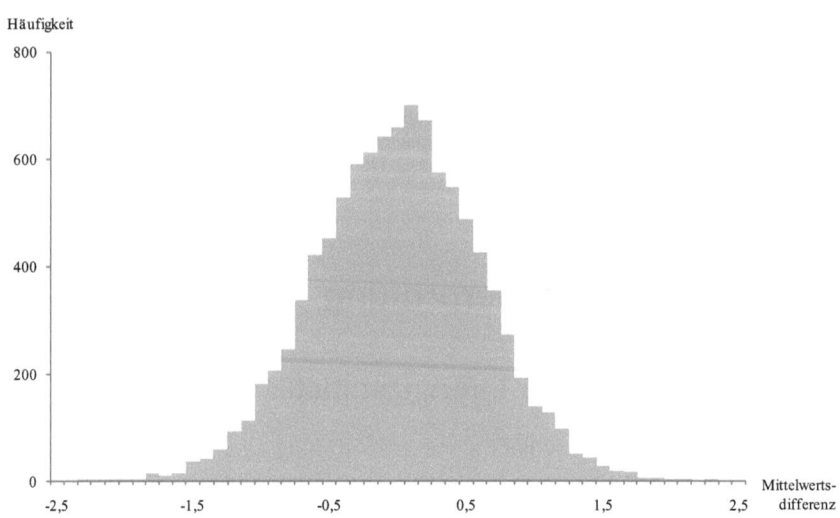

Abb. 28: Häufigkeitsdiagramm mit 10000 Zufallsstichproben, in dem die Mittelwertsdifferenzen zwischen zwei Gruppen mit 56 und 57 fiktiven Probanden abgetragen wurden.

Um zu überprüfen, mit welcher Wahrscheinlichkeit ein Untersuchungsergebnis entsteht, wenn der Zufall regiert, könnte man zunächst zahlreiche Zufallsstichproben erzeugen und die Auftretenswahrscheinlichkeit für ein bestimmtes Muster ermitteln. Tritt das Muster in den Zufallsstichproben nur sehr selten auf, dann ist die Wahrscheinlichkeit gering, dass es zufällig zustande gekommen ist. Im Hinblick auf das Trainingsprogramm zum Erwerb mathematischer Kompetenzen könnte man beispielsweise zunächst je 10000 Zufallsstichproben für die Trainings- und für die Kontrollbedingung erzeugen. Die dazugehörigen Mittelwertsdifferenzen wurden in Abb. 28 abgetragen. Dabei wurden pro Stichprobe, ähnlich wie in der realen Stichprobe, für jede fiktive Versuchsperson zufällig Werte zwischen null und zehn generiert. Diese Zufallswerte waren nicht normalverteilt, sondern variierten gleichmäßig zwischen null und zehn. Erkennbar ist in Abb. 28, dass besonders niedrige und besonders hohe Mittelwertdifferenzen in Zufallszahlen nur sehr selten auftreten.

Zufallsstichproben

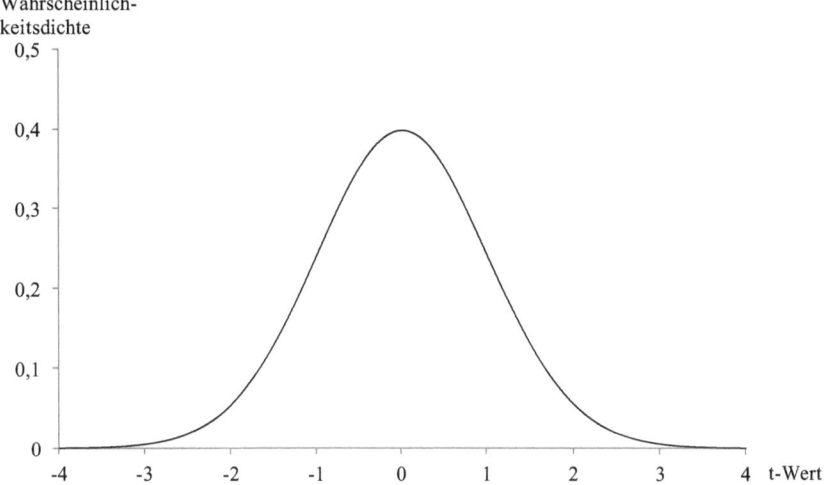

Abb. 29: *t*-Verteilung zu einer Stichprobe mit 113 Versuchspersonen (dadurch resultieren 111 Fehlerfreiheitsgrade).

In den Anfängen der Inferenzstatistik zu Beginn des 20. Jahrhunderts standen noch keine Computer zur Generierung von zahlreichen Zufallsstichproben zur Verfügung. Stattdessen wurden mathematische Funktionen entwickelt, welche in etwa der Häufigkeitsverteilung von Zufallsstichproben entsprechen. Zur Häufigkeitsverteilung der Abb. 28 hat William Sealey Gosset im Jahr 1908 eine Wahrscheinlichkeitsverteilung aufgestellt, die als *t*-Verteilung (auch Student-*t*-Verteilung) bezeichnet wird[2]. In Abb. 29 wurde eine solche *t*-Verteilung abge-

t-Verteilung

---

[2] Da Herr Gosset im Jahr 1908 in einer Guinness-Brauerei arbeitete, die die Veröffentlichung nicht gestattete, publizierte er die Wahrscheinlichkeitsverteilung unter dem Pseudonym Student.

tragen. Je nach Anzahl an Versuchspersonen resultieren t-Verteilungen, die sich untereinander unterscheiden. Gemeinsam ist diesen Verteilungen, dass sie etwas schmalgipfliger als Standardnormalverteilungen sind. Allerdings gehen t-Verteilungen bei einem Gesamtstichprobenumfang von über 50 Personen zunehmend in eine Standardnormalverteilung über.

Kritischen und empirischen t-Wert bestimmen

Nachdem man die t-Verteilung wie in Abb. 29 mittels einer Formel erzeugt hat, kann man verschiedene Flächenanteile unter der Kurve abtragen. In Abb. 30 wurde beispielsweise auf der rechten Seite ein Flächenanteil von 5% an der Gesamtfläche markiert. Die Grenze, die diesen Flächenanteil von dem verbleibenden Flächenanteil unter der Kurve trennt, liegt in Abb. 30 bei etwa 1.66. Diesen Grenzwert bezeichnet man auch als kritischen t-Wert. Ein gleichgroßer oder größerer t-Wert tritt folglich nur in 5% der Fälle auf. Neben dem kritischen t-Wert wird ein empirischer t-Wert mit Hilfe der Ergebnisse aus der Stichprobe ermittelt.

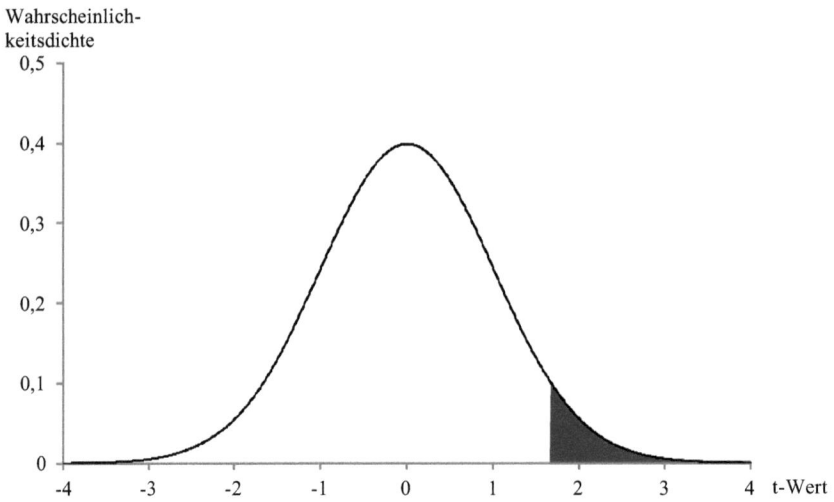

Abb. 30: Zentrale t-Verteilung mit eingezeichneter Fläche, die die Alphafehlerwahrscheinlichkeit von 5% repräsentiert.

Inferenzstatistische Entscheidung treffen

Mit Hilfe des empirischen und des kritischen t-Wertes trifft man eine inferenzstatistische Entscheidung. Ist der empirische t-Wert kleiner als der kritische t-Wert, geht man davon aus, dass das gefundene Muster (in diesem Fall die Mittelwertsdifferenz) noch mit dem Zufall erklärt werden kann. Das Ergebnis wird als statistisch nicht signifikant bezeichnet und die Nullhypothese H_0 wird beibehalten. Ist der empirische t-Wert hingegen größer als der kritische t-Wert, lehnt man die Erklärung über den Zufall ab. Das Ergebnis gilt damit als statistisch signifikant. Folglich wird die Nullhypothese H_0 verworfen und die Alternativhypothese H_1 vorläufig angenommen.

Auch wenn der empirische *t*-Wert größer als der kritische *t*-Wert ausfällt, kann das Ergebnis trotzdem zufällig zustande gekommen sein. Der Alphafehler (α-Fehler – auch als Fehler erster Art bezeichnet) beschreibt allgemein den Sachverhalt, dass ein Muster als statistisch signifikant betrachtet wird und somit die Alternativhypothese H_1 vermutet wird, obwohl in Wirklichkeit keines bzw. ein anderes Muster vorliegt, d.h. die Nullhypothese H_0 gilt. Der Alphafehler kann demnach wie folgt definiert werden:

Alphafehler

<blockquote>Der Alphafehler ist die irrtümliche Entscheidung zugunsten der H_1.</blockquote>

Definition

Bezüglich des Alphafehlers stellt sich die Frage, welches Risiko man eingehen will, sich fälschlicherweise zugunsten der Alternativhypothese H_1 zu entscheiden. Als Konvention hat sich hier ein Risiko von maximal 5% bzw. maximal 1% etabliert. Diese Wahrscheinlichkeiten werden als Signifikanzniveau bezeichnet (vgl. Abb. 30).

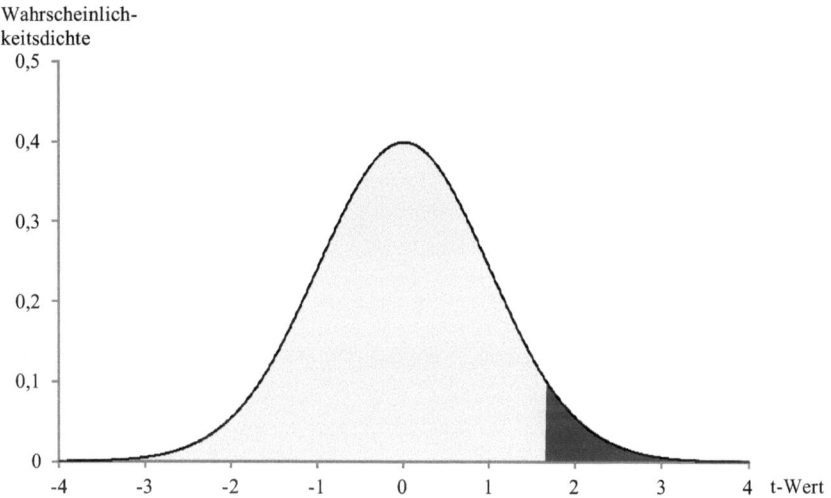

Abb. 31: Zentrale *t*-Verteilung mit eingezeichneten Flächen, die die Alphafehlerwahrscheinlichkeit von 5% und die Wahrscheinlichkeit von 1 – Alpha (95%) repräsentieren.

Die Gegenwahrscheinlichkeit zur Alphafehlerwahrscheinlichkeit ist 1 – Alpha. Diese Wahrscheinlichkeit liegt folglich meist bei 95% (Abb. 31) oder 99%. Inhaltlich bezieht sich 1 – Alpha darauf, dass das vermutete Muster als statistisch *nicht* signifikant angesehen wird und man sich korrekterweise für die Beibehaltung der Nullhypothese H_0 entscheidet. 1 – Alpha kann demnach wie folgt definiert werden:

1 – Alpha

<blockquote>1 – Alpha ist die Gegenwahrscheinlichkeit zur Alphafehlerwahrscheinlichkeit. Inhaltlich repräsentiert 1 – Alpha die korrekte Entscheidung zugunsten der H_0.</blockquote>

Definition

Zentrale und
nonzentrale
Verteilung

Die Wahrscheinlichkeiten des Alphafehlers und 1 – Alpha sind bedingte Wahrscheinlichkeiten. Beiden liegt die Annahme zugrunde, dass die Nullhypothese H_0 in Wirklichkeit zutrifft. Es ist allerdings auch möglich, dass die Alternativhypothese H_1 in Wirklichkeit korrekt ist. Für diese Möglichkeit bedarf es einer zweiten t-Verteilung, die als nonzentrale Verteilung bezeichnet wird. Eine solche Verteilung wurde in Abb. 32 zur zentralen Verteilung hinzugefügt. Unterhalb der nonzentralen Verteilung kann man die Wahrscheinlichkeiten für Beta und 1 – Beta abtragen.

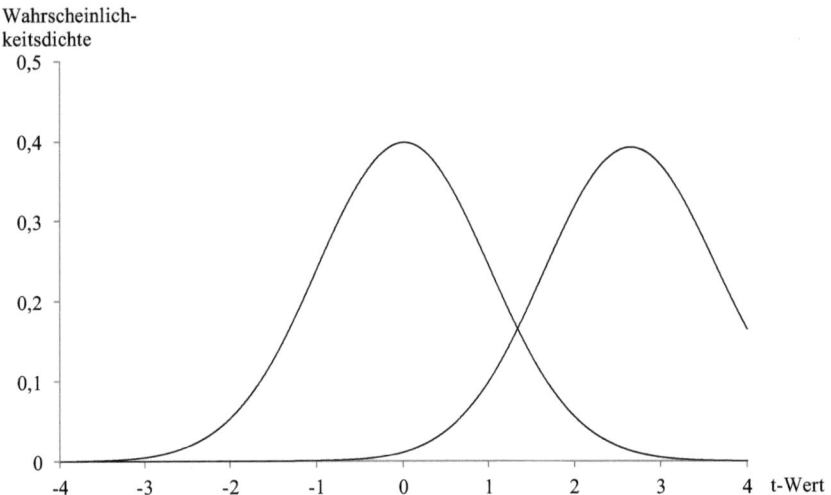

Abb. 32: Zentrale (links) und nonzentrale t-Verteilung. Die nonzentrale t-Verteilung wurde auf der rechten Seite abgeschnitten.

Betafehler

Der Betafehler (β-Fehler) oder Fehler zweiter Art bezieht sich auf den Fehler, der eintritt, wenn man das gesuchte Muster in den Zahlen übersieht und folglich davon ausgeht, dass kein Muster bzw. ein anderes vorliegt. Die nicht korrekte Annahme, dass die Nullhypothese H_0 richtig sei, obwohl in Wirklichkeit die Alternativhypothese zutrifft, kann in folgender Definition zusammengefasst werden:

Definition

▌   Der Betafehler ist die irrtümliche Entscheidung zugunsten der H_0.

Kritik: 20% statt 5%
bzw. 1%

In Abb. 33 wurde die Fläche abgetragen, die eine mögliche Betafehlerwahrscheinlichkeit repräsentiert. Die Wahrscheinlichkeit, die Nullhypothese H_0 anzunehmen, obwohl sie nicht gilt, wird typischerweise auf maximal 20% festgelegt. Kritisiert werden kann, dass man beim Betafehler per Konvention eine vier- bis zwanzigfach größere Fehlerwahrscheinlichkeit als beim Alphafehler in Kauf nimmt. Zudem ist der Fehler erster Art nicht zwingend gravierender als der Fehler zweiter Art, sondern der Betafehler kann – in Abhängigkeit der formulierten Hypothesen – auch folgenschwerer als der Alphafehler sein.

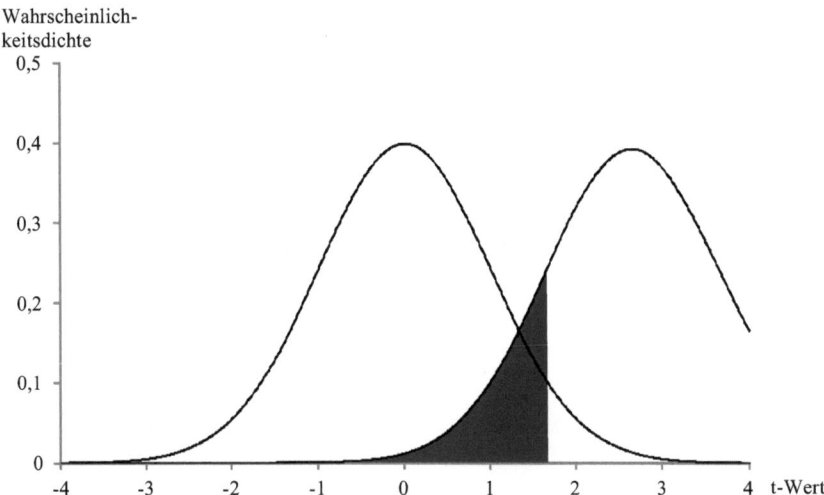

Abb. 33: Zentrale und nonzentrale *t*-Verteilung mit eingezeichneter Fläche, die die Betafehlerwahrscheinlichkeit repräsentiert.

Zum Beispiel könnte ein Richter einen angeblichen Mörder zu lebenslanger Haft verurteilen (H_1 vermutet) oder freisprechen (H_0 vermutet). Dabei könnte der Angeklagte schuldig (H_1 gilt) oder unschuldig (H_0 gilt) sein. Der Alphafehler (der Angeklagte wird zu Unrecht verurteilt) ist dabei nicht zwingend folgenschwerer als der Betafehler (der Angeklagte wird zu Unrecht freigesprochen). Die Auswirkungen einer Fehlentscheidung können von Fall zu Fall variieren (z.B. könnte die Wiederholungsgefahr die Folgen einer Fehlentscheidung beeinflussen).

Beispiel

Die Teststärke (Power) beschreibt den Umstand, dass man ein Muster sieht, welches auch tatsächlich vorliegt und sich somit für die Alternativhypothese (H_1) entscheidet. Die Power kann wie folgt definiert werden:

Teststärke (Power)

> Die Teststärke ist die Wahrscheinlichkeit für eine korrekte Entscheidung zugunsten der H_1.

Definition

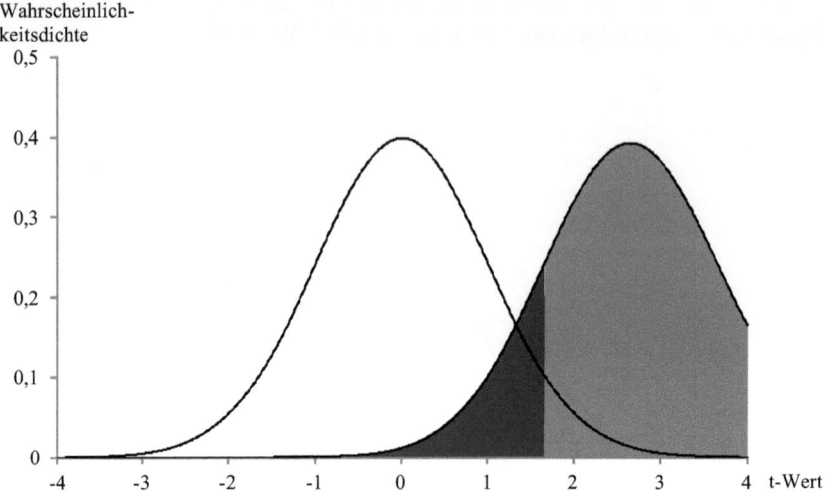

Abb. 34: Zentrale und nonzentrale *t*-Verteilung mit eingezeichneten Flächen, die die Betafehlerwahrscheinlichkeit sowie die Wahrscheinlichkeit zu 1 – Beta (Teststärke) repräsentieren.

Abb. 34 enthält die Wahrscheinlichkeiten für den Betafehler und die Teststärke. Diese beiden Wahrscheinlichkeiten sind ebenfalls bedingte Wahrscheinlichkeiten unter der Annahme, dass in Wirklichkeit die Alternativhypothese H_1 zutrifft. Die Wahrscheinlichkeit, einen bestimmten Effekt zu finden, falls er wirklich existiert, stellt die Gegenwahrscheinlichkeit des Betafehlers dar (1 – β). Folglich sollte die Teststärke per Konvention mindestens 80% (100% – 20%) betragen. Damit fällt das Risiko des Betafehlers bis zu 4 Mal bzw. bei einem postulierten 1%-Niveau bis zu 20 Mal größer als das Risiko eines Alphafehlers aus. Dieses Problem kann man durch die Festsetzung einer höheren Teststärke umgehen. Beispielsweise kann in Untersuchungen darauf geachtet werden, dass die Teststärke mindestens 95% beträgt und somit Alpha- und Betafehler prozentual gleich groß ausfallen. Hiermit geht allerdings eine bisweilen drastische Erhöhung der Probandenanzahl einher.

Zusammenfassung der vier Wahrscheinlichkeiten

Abb. 35 fasst die vier Wahrscheinlichkeiten noch einmal zusammen. Zu beachten ist, dass die Flächen zu den Wahrscheinlichkeiten 1 – Alpha und 1 – Beta zum Teil durch die Flächen, die Alpha und Beta repräsentieren, verdeckt werden.

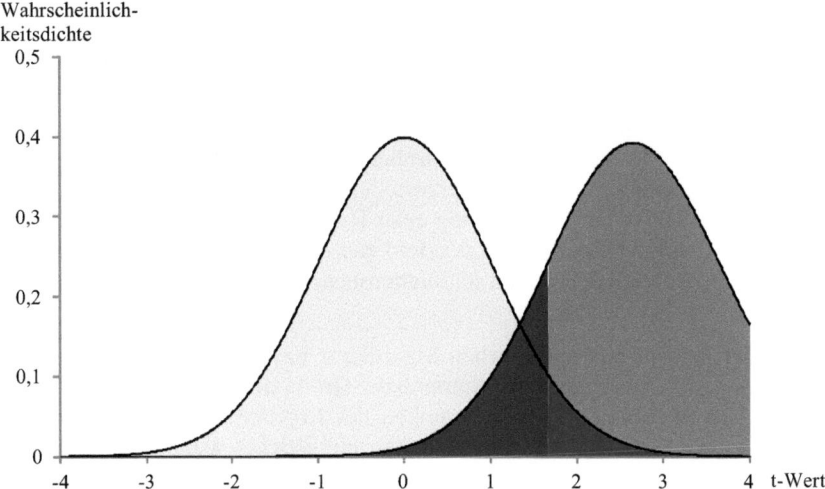

Abb. 35: Zentrale und nonzentrale *t*-Verteilung mit eingezeichneten Flächen, die die Alpha- und Betafehlerwahrscheinlichkeit sowie die Wahrscheinlichkeiten zu 1 – Alpha und 1 – Beta repräsentieren. Die Flächen zu den beiden letztgenannten Wahrscheinlichkeiten sind teilweise verdeckt!

Wie in Tab. 10 dargestellt, muss man sich bei der inferenzstatistischen Testung auf Grundlage der Ergebnisse in der Stichprobe für eine von zwei möglichen Hypothesen entscheiden. Hierbei sind zwei Fehlentscheidungen möglich, nämlich der Alpha- und der Betafehler. Demgegenüber stehen zwei Möglichkeiten sich richtig zu entscheiden. Entweder wird die Nullhypothese H_0 korrekterweise angenommen und die Alternativhypothese H_1 verworfen $(1 - \alpha)$ oder die Alternativhypothese wird richtigerweise akzeptiert $(1 - \beta)$. Die letztgenannte Wahrscheinlichkeit wird als Teststärke oder Power bezeichnet.

Zusammenhang zwischen Alpha- und Betafehler sowie der Teststärke

Tab. 10: Entscheidungsmöglichkeiten bei der inferenzstatistischen Testung (vgl. Abb. 35).

		„Wirklichkeit" (Population)	
		H_0	H_1
Entscheidung (aufgrund der Stichprobe)	H_0	1 – Alpha (korrekte Entscheidung)	Betafehler (falsche Entscheidung)
	H_1	Alphafehler (falsche Entscheidung)	Teststärke (korrekte Entscheidung)

5.6.2 Weitere ausgewählte Aspekte zur Inferenzstatistik

Stichprobenumfang

Die Größe der Stichprobe besitzt eine zentrale Bedeutung bei der inferenzstatistischen Überprüfung von Hypothesen. Je größer der Stichprobenumfang, desto eher wird ein Ergebnis signifikant, sofern in Wirklichkeit die Alternativhypothese H_1 gültig ist. Mit steigendem Stichprobenumfang nimmt folglich die Teststärke einer Untersuchung zu. Um sicherzustellen, dass der Stichprobenumfang und damit die Teststärke zur Überprüfung einer Hypothese groß genug ist, sollte der benötigte Stichprobenumfang im Vorfeld der Untersuchung ermittelt werden. Das Kapitel 6 erörtert, wie diese Stichprobenumfangsplanung vorgenommen wird.

Statistische und praktische Bedeutsamkeit

Neben der Angabe der statistischen Signifikanz bzw. Bedeutsamkeit eines Ergebnisses sollte immer auch die Stärke bzw. Größe des (signifikanten) Effektes als Maß für die praktische Bedeutsamkeit des Ergebnisses angegeben werden. Während die statistische Signifikanz angibt, mit welcher Wahrscheinlichkeit ein Ergebnis mit dem Zufall erklärt werden kann, gibt die Effektgröße (oft auch Effektstärke genannt) die Stärke des Effektes an. Beispielsweise könnte aufgrund des großen Stichprobenumfanges ein Trainingsprogramm zu einer hochsignifikanten Verbesserung der mathematischen Fähigkeiten führen. Zugleich könnte die Effektgröße für diese Verbesserung aber relativ gering ausfallen (z.B. von 100 auf 100.001).

Multiples Testen

Sofern mehr als eine Hypothese auf Signifikanz getestet wird, tritt das sogenannte Phänomen der Alphafehlerkumulierung auf. Es besagt, dass die Alphafehlerwahrscheinlichkeit einer Studie mit mehreren Signifikanztests ansteigt. Hierzu kann man sich einen Würfelwurf vorstellen. Wenn man nur einmal würfelt, besteht nur einmal die Chance eine Sechs zu würfeln bzw. das Alphafehlerniveau zu überwinden. Wenn aber mehrfach gewürfelt wird, dann besitzt man gleich mehrere Chancen auf die Augenzahl Sechs und die Wahrscheinlichkeit steigt folglich an, dass das festgelegte Niveau überwunden wird. Es beträgt nicht mehr 5%, sondern beispielsweise bei drei Hypothesentests bereits 14.3%. Nähere Informationen zur Alphafehlerkumulierung werden im Kapitel 6.4.4 bereitgestellt.

Annahmevoraussetzungen

In Abhängigkeit des verwendeten Signifikanztests müssen bestimmte Annahmen erfüllt sein, damit der inferenzstatistische Test nicht zu ungenauen bzw. falschen Wahrscheinlichkeitseinschätzungen führt. Beispielsweise muss bei einem *t*-Test die abhängige Variable Intervallskalenniveau aufweisen. Damit ist gemeint, dass diese Variable äquidistante (gleichabständige) Intervalle besitzt. Äquidistanz der Intervalle zwei bis vier und sieben bis neun liegt zum Beispiel vor, wenn dieser gleichgroße Zahlenabstand auch in der Realität einem gleichgroßen Abstand entspricht. Eine andere, häufig erforderliche Annahmevoraussetzung ist die Normalverteilung der abhängigen Variablen. Je nach Größe des Stichprobenumfangs der Studie können Signifikanztests auch robust auf Verletzungen von Annahmevoraussetzungen reagieren, d.h. die Wahrscheinlichkeitseinschätzungen (z.B. von 5%) bleiben konstant.

Während traditionelle Signifikanztests Verteilungen mit Hilfe von Formeln erzeugen, werden diese beim Bootstrap-Verfahren durch Simulation einer Population mit Hilfe der untersuchten Stichprobe generiert. Dabei wird zunächst eine Stichprobe durch zufälliges Ziehen mit Zurücklegen aus der tatsächlich untersuchten Stichprobe simuliert. Anschließend berechnet man für die simulierte Stichprobe einen Stichprobenkennwert (z.B. die Mittelwertdifferenz) und trägt diesen in eine Häufigkeitsverteilung ein. Diese beiden Schritte werden fortlaufend mit dem gleichen Stichprobenumfang wiederholt (z.B. 100000 Mal). Aus diesen Häufigkeitsverteilungen lassen sich Flächenanteile berechnen, auf deren Basis die inferenzstatistische Entscheidung zugunsten der Null- oder Alternativhypothese getroffen werden kann. Das Verfahren funktioniert somit ähnlich wie die im vorangegangenen Kapitel 5.6.1 vorgestellte Erzeugung von Zufallsstichproben (vgl. auch Abb. 28). Ein Vorteil dieses rechenintensiven Verfahrens besteht darin, keine Normalverteilungsannahme mehr für die abhängigen Variablen zu benötigen.

Bootstrap

5.6.3 Allgemeine Empfehlungen

Die Überprüfung[3] der aufgestellten Hypothesen ist ein zentraler Bestandteil der Datenauswertung (Bortz & Döring, 2006). In aller Regel sollten in einer einzelnen empirischen Untersuchung nur wenige Forschungsfragen mit Hilfe eines überschaubaren Forschungsdesigns statistisch getestet werden. Eine Überprüfung zu vieler Hypothesen führt zu einem zeitlichen Mehraufwand, der unter anderem durch eine größere Anzahl an benötigten Versuchsteilnehmern und/oder durch eine längere Untersuchungszeit der einzelnen Versuchspersonen verursacht wird. Durch das multiple Testen entsteht das Phänomen der Alphafehlerkumulierung (Kapitel 5.6.2). Zudem verliert die spätere Ergebnisdarstellung häufig an Übersichtlichkeit. Außerdem ist Überprüfung zahlreicher Hypothesen mitunter ein Indiz, dass die Untersucher vorher nicht hinreichend über den Versuch und dessen spätere Auswertung nachgedacht haben.

Nur wenige Hypothesen testen

Bei der inferenzstatistischen Hypothesenüberprüfung sollte meiner Meinung nach auf einfache und gängige statistische Verfahren zurückgegriffen werden, mit denen die Forschungsfragen so eindeutig wie möglich zu beantworten sind. Nach wie vor kommen in aktuellen entwicklungspsychologischen Studien Varianzanalysen mit den dazugehörigen F-Tests zum Einsatz, mit deren Hilfe die aufgestellten Hypothesen getestet werden. Der Einsatz komplexerer und vielfach noch unbekannter statistischer Verfahren kann die spätere Veröffentlichung der empirischen Arbeit erschweren, da diese Verfahren den Gutachtern unbekannt sind und als nicht hinreichend bewährt betrachtet werden. Andererseits können mit diesen Verfahren interessante und komplexe Zusammenhänge im Datensatz

Einfache statistische Verfahren nutzen

---

[3] Mit der vorherigen Generierung von Hypothesen befassen sich unter anderem Sarris und Reiß (2005).

ermittelt werden, die durch traditionelle Analysemethoden nicht aufdeckbar sind (Kapitel 5.5). Um beiden Gesichtspunkten gerecht zu werden, kann es sich anbieten, auf einfache statistische Verfahren bei der Überprüfung von Hypothesen zurückzugreifen, sofern diese die Forschungsfrage beantworten können, während der Einsatz neuerer statistischer Verfahren vornehmlich auf die Darstellung weiterer Befunde beschränkt bleiben sollte. Diese weiteren Befunde können zum Beispiel den Einbezug von zusätzlichen Drittvariablen beinhalten (Kapitel 5.5). Sowohl bei der Überprüfung der Hypothesen als auch bei der Beschreibung weiterer Befunde sollten in jedem Fall Angaben zur Effektgröße bereitgestellt werden.

Relevante abhängige Variablen einbeziehen

Die Testung der Hypothesen sollte sämtliche abhängige Variablen enthalten, die in den Hypothesen aufgeführt worden sind. Dabei sollten diese zunächst einer gemeinsamen Analyse unterzogen werden. Werden beispielsweise Effekte auf die sprachlichen und mathematischen Fähigkeiten als abhängige Variablen postuliert, so sollten diese beiden Variablen zunächst gemeinsam in die Datenauswertung einfließen. Dies könnte beispielsweise mit Hilfe einer sogenannten multivariaten Varianzanalyse (MANOVA) bzw. mit Hilfe einer kanonischen Korrelation (Bortz, 2005) erfolgen. Die gemeinsame Betrachtung aller abhängigen Variablen verhindert im Vergleich zu mehreren univariaten Analysen (z.B. mehreren univariaten Varianzanalysen) eine Kumulierung des Alphafehlers. Jedoch ist die Interpretation von zwei oder mehreren abhängigen Variablen oftmals schwierig. Beispielsweise ist bei einem signifikanten Ergebnis im Hinblick auf die sprachlichen und mathematischen Fähigkeiten unklar, ob sich der Effekt auf beide oder nur eine abhängige Variable ausgewirkt hat. In der (entwicklungspsychologischen) Forschung werden daher häufig – sofern die multivariate Gesamtanalyse signifikant war – nachträglich entsprechende univariate Analysen durchgeführt, um eine bessere Interpretation der Ergebnisse zu gewährleisten.

Inferenzstatistische Voraussetzungen überprüfen

Bevor eine aufgestellte Hypothese inferenzstatistisch getestet werden kann, sollten zunächst die inferenzstatistischen Annahmevoraussetzungen des gewünschten statistischen Verfahrens überprüft werden (siehe oben).

5.7   Zusammenfassung und Fazit

Zusammenfassung

Das Kapitel widmete sich – nach Darstellung verschiedener Variablenarten wie unabhängigen, abhängigen und Drittvariablen – der Eingabe, Aufbereitung und Visualisierung von Daten. Besondere Berücksichtigung fanden in diesem Zusammenhang fehlende Daten und Ausreißerwerte. Ausreißerwerte können dabei nach verschiedenen Methoden festgestellt werden. Die Datenvisualisierung ist einfach und klar zu gestalten. Zudem sollten Abbildungen Zusammenhänge oder Unterschiede im Datensatz weder vortäuschen, noch sollten Fehlinterpretationen nahegelegt werden. Die Berücksichtigung von Drittvariablen kann mit Hilfe verschiedener statistischer Verfahren vorgenommen werden. Beispiele hierfür stellen die Kovarianzanalyse, der Median-Split, Extremgruppenvergleiche, Regressionsanalysen und neuronale Netze dar. Bei der Hypothesenüberprüfung wird überprüft, wie wahrscheinlich es ist, dass die Muster, die bei der Datenauswertung in den Zahlen gefunden wurden, zufällig entstanden sind. In Abhängigkeit des Ergebnisses entscheidet man sich entweder zugunsten der Nullhypothese (H_0) oder aber für die Alternativhypothese (H_1). Hierbei können Alpha- und Betafehler als Fehlentscheidungen sowie korrekte Entscheidungen mit den Wahrscheinlichkeiten $1 - \alpha$ oder $1 - \beta$ auftreten. Die letztgenannte Wahrscheinlichkeit wird als Teststärke bezeichnet. Bei der inferenzstatistischen Überprüfung von Hypothesen ist die Stichprobengröße von zentraler Bedeutung. Außerdem sollte zwischen statistischer Signifikanz und praktischer Bedeutsamkeit unterschieden werden. Weitere wichtige Themen stellen das multiple Testen, die Überprüfung von Annahmevoraussetzungen und Bootstrap dar. Bei der Hypothesenüberprüfung bietet es sich an, nur wenige Hypothesen mit einfachen statistischen Verfahren auszuwerten. Dabei sollten Effektgrößenangaben aufgrund diverser Vorteile stets angegeben werden.

Abb. 36 stellt das Kapitel Datenauswertung in Form einer Mind Map zusammenfassend dar.

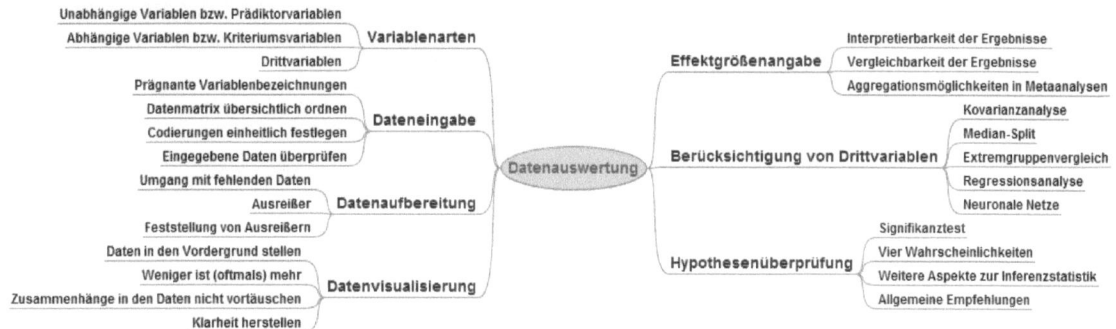

Abb. 36: Mind Map zum Kapitel Datenauswertung.

5.8 Lernfragen

1. Worin unterscheiden sich unabhängige und abhängige Variablen bzw. Prädiktor- und Kriteriumsvariablen sowie Drittvariablen bei der Datenauswertung?

2. Was ist bei der Eingabe und Aufbereitung von Daten zu beachten?

3. Was sind Ausreißerwerte und wie können diese festgestellt werden?

4. Nach welchen Kriterien sollte man sich bei der Datenvisualisierung orientieren?

5. Welche Vorteile besitzt die Angabe einer standardisierten Effektgröße bei der Ergebnisdarstellung?

6. Wie können Drittvariablen in der Datenauswertung Berücksichtigung finden?

7. Welche Voraussetzungen müssen bei der Kovarianzanalyse erfüllt sein, damit diese einen (praktisch bedeutsamen) Einfluss auf die Datenauswertung besitzt?

8. Welche Vor- und Nachteile besitzen Median-Splits und Extremgruppenvergleiche?

9. Inwiefern können Drittvariablen mit Hilfe von Regressionsanalysen und neuronalen Netzen in der Datenauswertung einbezogen werden?

10. Welche Vor- und Nachteile besitzen neuronale Netze bei der Datenauswertung?

11. Erläutern Sie das Overfitting-Problem und diskutieren Sie Lösungsansätze zu diesem Problem!

12. Erklären Sie, wie ein Signifikanztest funktioniert!

13. Welche Fehlentscheidungen und welche korrekten Entscheidungen können bei der Hypothesentestung auftreten?

14. Was sollte bei der Hypothesenüberprüfung beachtet werden?

6 Stichprobenumfangsplanung

6.1 Übersicht und Lernziele

Dieses Kapitel erörtert die Berechnung des Stichprobenumfanges im Vorfeld einer empirischen Studie und die damit verbundenen Vorteile. Zunächst erfolgt eine kritische Darstellung der gängigen Forschungspraxis, in der weder eine Stichprobenumfangsplanung im Vorfeld der Untersuchung noch Teststärkeberechnungen im Anschluss der Studie durchgeführt werden. Die in Lehrbüchern häufig aufgeführten vier Kenngrößen (Stichprobenumfang, Signifikanzniveau, Betafehler bzw. Teststärke und angenommener Effekt) werden im Anschluss vorgestellt. Diese Größen sind bei der Stichprobenumfangsplanung von zentraler Bedeutung. Ein komplexeres Berechnungsmodell stellt weitere relevante Parameter und Variablen vor, die den benötigten Stichprobenumfang beeinflussen. Hierbei werden praktische Hinweise zur Planung der eigenen Studie aufgeführt.

Folgende Lernziele werden verfolgt:

- Welche Vorteile besitzt die Berechnung des erforderlichen Stichprobenumfanges im Vorfeld einer empirischen Studie?

- Welche vier Kenngrößen werden in Statistiklehrbüchern häufig zur Berechnung des Stichprobenumfanges aufgeführt und wie beeinflussen diese den erforderlichen Umfang?

- Welche zusätzlichen Variablen beeinflussen den erforderlichen Stichprobenumfang einer Untersuchung?

- Wie sollten Hypothesen und Versuchsplan einer Studie nach Teststärkegesichtspunkten aufgestellt werden?

6.2 Die gängige Forschungspraxis

Nach wie vor werden die meisten empirischen Studien ohne vorherige Stichprobenumfangsplanung durchgeführt, obwohl die Berechnung mit Hilfe von Softwareprogrammen wie GPower mittlerweile relativ leicht vorgenommen werden kann. Die Angabe einer Fehlerwahrscheinlichkeit (der Betawahrscheinlichkeit, siehe unten) bei Entscheidung zugunsten der Nullhypothese (H_0) sucht man oftmals ebenfalls vergebens. Häufig fehlt auch die Angabe von Effektgrößen bei Annahme der Alternativhypothese (H_1). Dadurch bleibt offen, ob der gefundene Effekt nicht nur statistisch, sondern auch praktisch bedeutsam ist. Die praktische

Gängige Forschungspraxis

bzw. inhaltliche Bedeutsamkeit ist unter anderem abhängig von der Fragestellung der Untersuchung.

Beispiel

Beispielsweise könnte man in einem Experiment überprüfen, ob ein Training zur Verbesserung der schriftsprachlichen Fähigkeiten von Schülern wirkt. Dazu könnte die Trainingsgruppe mit einer Kontrollgruppe verglichen werden. Während die Nullhypothese (H_0) annimmt, dass keinerlei Unterschiede zwischen den beiden Gruppen auftreten, postuliert die Alternativhypothese (H_1) bessere Leistungen in der Trainingsgruppe. Neben der Angabe einer Wahrscheinlichkeit zur Entscheidung zugunsten einer der beiden Hypothesen gibt die Effektgröße – sofern berechnet – darüber Auskunft, in welchem Ausmaß die Verbesserung ausfällt. Dieser Wert kann dann mit den anfallenden Kosten des Trainings in Relation gesetzt werden.

Kritik an gängiger
Forschungspraxis

Eine nicht durchgeführte Stichprobenumfangsplanung sowie fehlende Teststärken- und Effektgrößenangaben (siehe unten) führen zu folgenden Problemen:

- **Fehlende Wahrscheinlichkeitsangabe:** Bei einem nicht signifikanten Untersuchungsergebnis stellt sich die Frage, ob und mit welcher Wahrscheinlichkeit die Nullhypothese angenommen werden kann. Ohne Stichprobenumfangsplanung und ohne nachträgliche Teststärkeberechnungen kann keine Wahrscheinlichkeit für die Gültigkeit der Nullhypothese (H_0) angeführt werden (vgl. Kapitel 5.6). Dies führt wiederum dazu, dass weder die Null- noch die Alternativhypothese angenommen werden können und somit keine fundierte Entscheidung zugunsten einer der beiden Hypothesen getroffen werden kann. Im aufgeführten Beispiel bliebe somit unklar, ob das Training wirkt.

- **Schwierige Interpretierbarkeit:** Neben der oftmals nicht durchgeführten Stichprobenumfangsplanung und den fehlenden Teststärkeangaben kann man bemängeln, dass in Untersuchungen keine standardisierten Effektgrößen berichtet werden. Dadurch können die ermittelten Ergebnisse nur schwer interpretiert werden. Einerseits erreichen bereits sehr kleine, praktisch nicht bedeutsame Effekte bei großer Stichprobengröße statistische Signifikanz. Andererseits verfehlen große, praktisch bedeutsame Effekte das gewünschte Signifikanzniveau aufgrund einer zu geringen Versuchspersonenzahl (vgl. fehlende Wahrscheinlichkeitsangabe).

- **Fehlende Vergleichbarkeit:** Für die Vergleichbarkeit der Ergebnisse verschiedener Untersuchungen werden ebenfalls standardisierte Effektgrößen benötigt. Liegen diese nicht vor, sind die ermittelten Effekte verschiedener Studien entweder nicht vergleichbar oder der Leser muss die Effektgrößen selbst umständlich ermitteln. Dies ist allerdings nur dann möglich, wenn alle notwendigen Angaben zur Berechnung in den Untersuchungen aufgeführt werden.

- **Schwierige Aggregation für Metaanalysen:** Auch für Forscher, die verschiedene Studien zu einer Metaanalyse mit statistischen Mitteln zusammenfassen möchten, ist die Angabe von standardisierten Effektgrößen äußerst nützlich. Metaanalysen dienen der Beantwortung der Frage, ob eine wissenschaftlich bereits erforschte Aussage zutrifft und wie groß der diesbezügliche Effekt ist. Beispielsweise wurde in Metaanalysen überprüft, ob die Fähigkeit zur mentalen Rotation bei Männern ausgeprägter ist als bei Frauen. Die Metaanalysen von Linn und Peterson sowie Masters und Sanders bestätigen diese Annahme und weisen eine große praktische Bedeutsamkeit des Effekts nach ($d = 0.94$ nach einer Metaanalyse von Linn & Petersen, 1985; $d = 0.90$ nach einer Metaanalyse von Masters & Sanders, 1993).

- **Unzureichende Ökonomie:** Ein weiterer Kritikpunkt an der gängigen Forschungspraxis betrifft die Ökonomie der Untersuchung. Grundsätzlich gilt für die Stichprobenumfangsplanung zwar: Je mehr Versuchspersonen, desto besser. Jedoch kostet das Anwerben und Untersuchen von Versuchsteilnehmern Zeit und Geld. Daher sollte man möglichst genau so viele Probanden untersuchen, wie zum Auffinden des gesuchten Musters (d.h. der H_1) in den Zahlen und zur Absicherung gegenüber dem Zufall notwendig sind. Sollte es in den Zahlen kein oder ein anderes Muster (d.h. die H_0) als das gesuchte geben, sind ebenfalls gerade so viele Probanden nötig, um eine solche Aussage (d.h. dass die H_0 gilt) zu begründen.

Die folgenden Kapitel widmen sich der Frage, wie die Ermittlung des Stichprobenumfanges vorgenommen wird.

6.3 Zentrale Kenngrößen

Zur Berechnung des Stichprobenumfanges (N) sind drei Kenngrößen von zentraler Bedeutung:

Notwendige Kenngrößen zur Bestimmung des Stichprobenumfanges (N)

- Signifikanzniveau (α-Fehler)

- Teststärke ($1 - \beta$-Fehler)

- Angenommene Effektgröße (z.B. d oder f^2)

Während der Alphafehler die irrtümliche Entscheidung zugunsten der H_1 ist, stellt der Betafehler die irrtümliche Entscheidung zugunsten der H_0 dar. Die Teststärke (Power) ist die korrekte Entscheidung zugunsten der H_1 (Kapitel 5.6).

Alpha- und Betafehler sowie Teststärke

Die Größe eines Effekts gibt an, wie gut das gesuchte Muster in den Zahlen erkennbar ist bzw. wie stark sich das gesuchte Signal vom Umgebungsrauschen unterscheidet. Laut Bortz und Döring (2006) ist die Effektgröße wie folgt definiert:

(Angenommene) Effektgröße

> Die Effektgröße ist die „Differenz zwischen Parametern aus unterschiedlichen Populationen bzw. Abweichung eines (Zusammenhangs-)Parameters von Null" (Bortz & Döring, 2006, S. 726).

Definition

Es stellt sich die Frage, wie groß der gesuchte Effekt mindestens sein muss, damit er auch inhaltlich bedeutsam ist. Dies ist abhängig von der Fragestellung der Untersuchung. Die Definition zur angenommenen Effektgröße lautet:

Definition

> Die angenommene Effektgröße ist der „Unterschied, der zwischen zwei Populationen [...] mindestens bestehen muss, um von einem praktisch bedeutsamen Unterschied sprechen zu können" (Bortz, 2005, S. 120).

Dabei können – in Abhängigkeit des inferenzstatistischen Tests – verschiedene Effektgrößen zum Einsatz gelangen.

Annahme eines Effekts häufig ein Ratespiel

Die Annahme eines Effekts gleicht – vor allem bei neuen Forschungsfragen – oftmals einem Ratespiel und ist a priori kaum abschätzbar. Selbst wenn man die oben aufgeführte Definition zum angenommenen Effekt heranzieht und darauf verweist, dass es sich um einen praktisch bedeutsamen Effekt handeln sollte, so kann im Vorfeld vieler Studien nicht angegeben werden, wann ein Effekt als praktisch bedeutsam betrachtet werden kann.

6.3.1 Einfluss der aufgeführten Kenngrößen auf die Teststärke

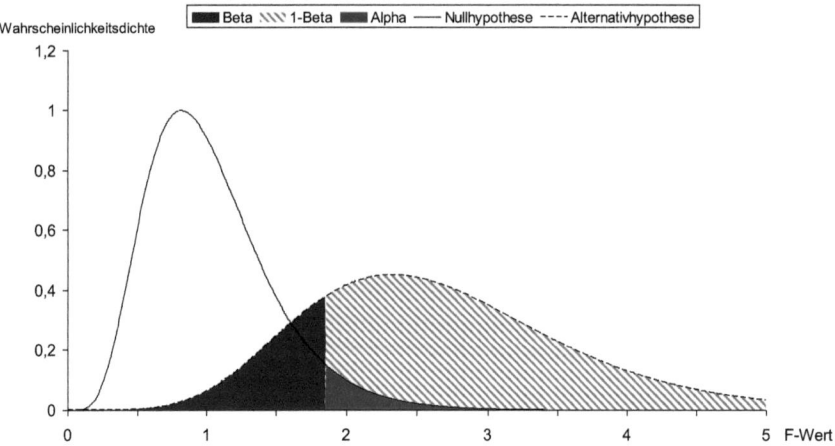

Abb. 37: Stichprobenumfangsplanung für ein 4x3x3-faktorielles, univariates Versuchsdesign ohne Messwiederholung und ohne Kovariaten. Der benötigte Stichprobenumfang von 129 Probanden bezieht sich dabei auf den komplexesten Interaktionseffekt. Die Teststärke beträgt bei 129 Vpn 80.05% bei einem Alphaniveau von 5% sowie einem angenommen mittleren Effekt ($f^2 = 0.15$).

Abb. 37 stellt ein Beispiel einer Stichprobenumfangsplanung für ein spezifisches Versuchsdesign dar. Auf der x-Achse wurde der F-Wert (siehe weiter unten) abgetragen, auf der y-Achse die Wahrscheinlichkeitsdichte. Die zentrale Verteilung (linke Kurve) repräsentiert die Nullhypothese, die nonzentrale Verteilung (rechte Kurve) die Alternativhypothese (vgl. Kapitel 5.6). Die Flächen unterhalb der beiden Verteilungen entsprechen jeweils 100%, wobei sich dieser Prozentwert für die zentrale Verteilung in die Wahrscheinlichkeit 1 – α (als weiße Fläche dargestellt) und α aufteilen lässt. Für die nonzentrale Verteilung wird die

Aufteilung in β und der Teststärke 1 – β (als schraffierte Fläche einschließlich der Fläche von α, die die schraffierte Fläche zum Teil verdeckt), vorgenommen (Abb. 37). Nachfolgend soll – bezugnehmend auf Abb. 37 – dargestellt werden, wie die einzelnen Parameter die Teststärke bzw. den Stichprobenumfang der Untersuchung beeinflussen.

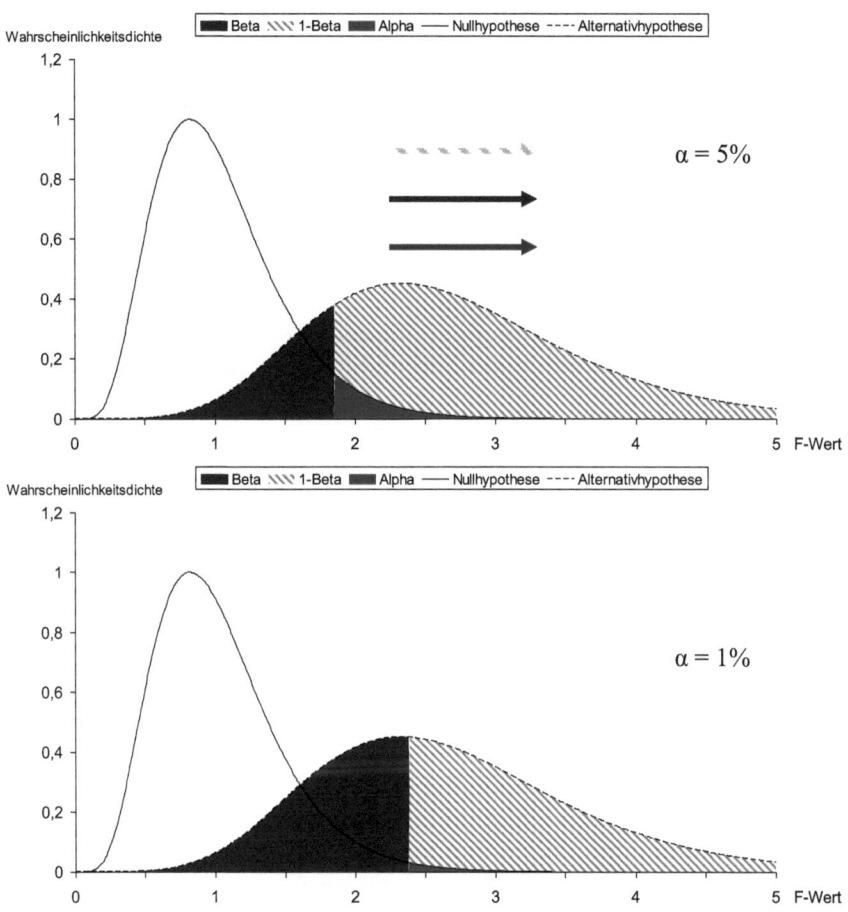

Abb. 38: Darstellung der Auswirkungen auf die Teststärke durch die Veränderung des Alphaniveaus.

Je kleiner das Alphaniveau gewählt wird, desto größer fällt das Betaniveau aus. Alpha- und Betaniveau sind folglich zueinander gegenläufig. Da die Teststärke als 1 – β definiert ist, folgt: Je kleiner das Alphaniveau, desto geringer ist die Teststärke der Studie. Abb. 38 visualisiert den genannten Zusammenhang für die Verkleinerung des gewählten Alphaniveaus. Wird dieses hingegen vergrößert, so sind alle Pfeile umzukehren. Des Weiteren werden durch Veränderung des Alphaniveaus die beiden Kurvenverläufe, die die Null- und Alternativhypothese

Veränderung des
Alphaniveaus

repräsentieren, nicht verändert. Ferner führt eine Verkleinerung des Alphaniveaus von beispielsweise 5% auf 1% – wie in der Abb. 38 dargestellt – *nicht* zu einer Vergrößerung des Betaniveaus bzw. einer Verkleinerung der Teststärke in derselben Höhe (in diesem Falle 4%). Durch die Verminderung des Alphaniveaus von 5% auf 1% reduziert sich im vorliegenden Beispiel (vgl. Abb. 38) die Teststärke von 80.05% auf 57.53%.

Veränderung des Stichprobenumfangs

Je mehr Versuchspersonen an der Studie partizipieren, desto größer ist die resultierende Teststärke (und umso kleiner folglich der Beta-Wert). Dies hat mehrere Gründe:

- **Veränderung der zentralen Verteilung:** Einerseits verändert sich durch Hinzunahme weiterer Probanden die zentrale Verteilung, welche die Nullhypothese repräsentiert. Diese wird mit wachsendem Stichprobenumfang höher und schmalgipfliger. Hier ist zu beachten, dass dies nur für relativ geringe Stichprobenumfänge gilt. Bei bereits hoher Versuchspersonenzahl führt die Hinzunahme weiterer Versuchspersonen nur noch zu sehr geringfügigen Veränderungen der zentralen Verteilung. Diese Aussage stellt allerdings eine Vereinfachung dar, da auch andere Faktoren einen Einfluss darauf ausüben, in welcher Stärke der Stichprobenumfang die zentrale Verteilung beeinflusst.

- **Veränderung der nonzentralen Verteilung:** Andererseits führt eine größere Stichprobenzahl zu zwei Veränderungen der nonzentralen Verteilung, welche die Alternativhypothese H_1 repräsentiert. Erstens „wandert" die nonzentrale Verteilung auf der x-Achse, auf der beispielsweise die F-Werte (oder t-Werte) abgetragen sind, weiter nach rechts. Zweitens verflacht die nonzentrale Verteilung, so dass auch bei unendlich großem Stichprobenumfang immer noch ein kleiner Überschneidungsbereich zwischen zentraler und nonzentraler Verteilung existieren würde. Im Gegensatz zu den Auswirkungen des Stichprobenumfanges auf die zentrale Verteilung verändert die Hinzunahme weiterer Probanden die nonzentrale Verteilung auch bei bereits hohem Stichprobenumfang deutlich.

Abb. 39 verdeutlicht die Auswirkungen, die aus der Veränderung des Stichprobenumfanges resultieren. Auch dieses Beispiel ist an Abb. 37 angelehnt. In der oberen Grafik der Abb. 39 liegt bei dem 4x3x3-faktoriellen, univariaten Versuchsdesign ohne Messwiederholung und ohne Kovariaten eine Teststärke von 20.85% bei einem Stichprobenumfang von 50 vor. Durch die Erhöhung der Versuchspersonen von 50 auf insgesamt 129 wächst die Teststärke auf 80.05% an.

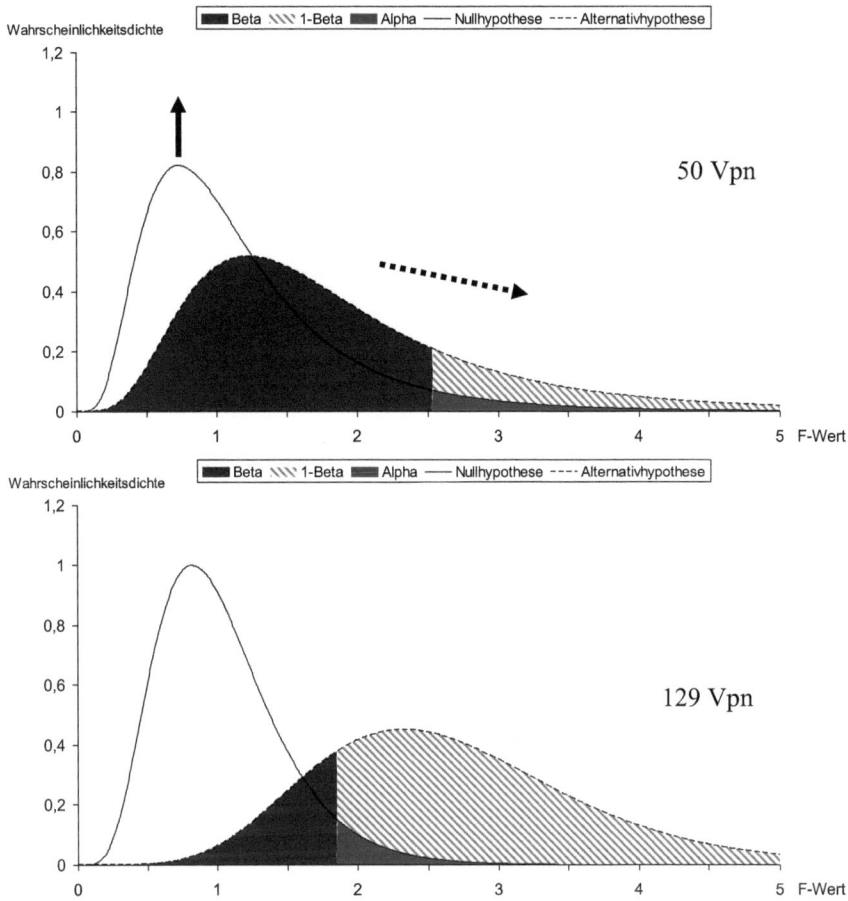

Abb. 39: Darstellung der Auswirkungen durch die Veränderung des Stichprobenumfanges (von 50 auf 129) auf die zentrale (Nullhypothese H_0) und nonzentrale (Alternativhypothese H_1) Verteilung sowie auf die Teststärke.

Je größer der angenommene Effekt ist, desto größer ist die resultierende Teststärke, sofern der Stichprobenumfang konstant gehalten wird. Damit steigt die Wahrscheinlichkeit, ein Signal in dem Rauschen des „Zahlenmeers" zu entdecken. Dies ist sinnvoll, da ein stärkeres Signal (etwa ein lauter Ton bei einem Hörtest) eher wahrgenommen wird als ein schwaches Signal, welches sich kaum vom Rauschen unterscheidet (z.B. ein sehr leiser Ton). Damit steigt die Wahrscheinlichkeit, dass das korrekte Muster bzw. Signal in den Zahlen auch erkannt wird. Diese Wahrscheinlichkeit wird als Teststärke bezeichnet (siehe oben). Eine Veränderung des angenommenen Effekts wirkt sich lediglich auf die nonzentrale Verteilung aus, welche die Alternativhypothese H_1 (oder in der Sprache der Signaldetektionstheorie: Signal + Rauschen) repräsentiert. Auch hier wird – wie bei der Veränderung des Stichprobenumfanges – die nonzentrale Verteilung in

Veränderung des angenommenen Effekts

zweierlei Hinsicht modifiziert. Einerseits „wandert" die nonzentrale Verteilung auf der x-Achse weiter nach rechts. Andererseits verflacht die nonzentrale Verteilung (vgl. Veränderung des Stichprobenumfangs).

Abb. 40 skizziert die aufgeführten Auswirkungen durch die Veränderung der angenommenen Effektstärke. Bei dem dort verwendeten Versuchsplan (vgl. Abb. 37) sowie einer Stichprobenzahl von 129 Versuchspersonen resultiert bei einem angenommenen Effekt von f² = 0.09 eine Teststärke von 52.58%. Wird hingegen ein Effekt von f² = 0.19 postuliert, so besäße die Studie für diesen Effekt eine Teststärke von 90.23% (siehe untere Grafik in Abb. 40).

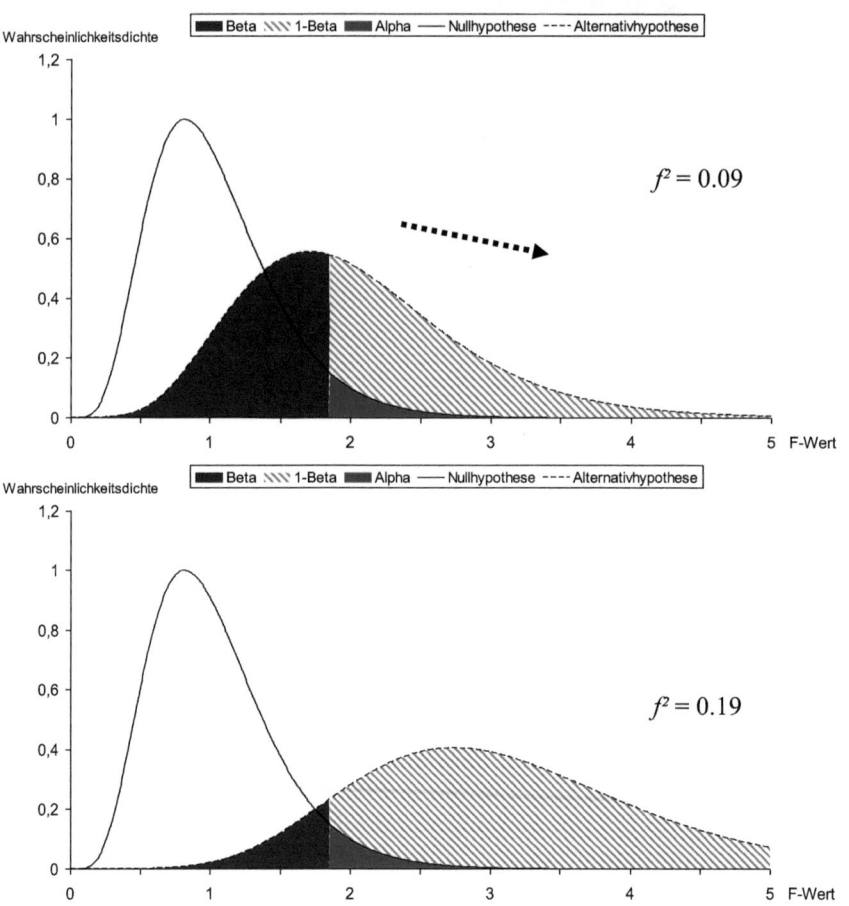

Abb. 40: Darstellung der Auswirkungen durch die Veränderung des angenommenen Effekts (von f^2 = 0.09 auf f^2 = 0.19) auf die nonzentrale (Alternativhypothese H₁) Verteilung und die Teststärke.

Bei größeren Effekten resultiert folglich eine höhere Teststärke (bzw. ein kleinerer Betafehler). Dies sollte jedoch nicht dazu verleiten, nur große Effekte zu untersuchen. Oftmals sind insbesondere die weniger gut erkennbaren Muster die interessanteren. Diese sehr kleinen Effekte benötigen jedoch eine Vielzahl an Versuchspersonen, um die Muster gegen den Zufall absichern zu können.

Als Orientierungshilfe seien abschließend die Konventionen von Cohen (1977) für verschiedene Effektstärken des Effektmaßes f^2 genannt:

Effektgrößen nach den Konventionen von Cohen (1977)

- Kleiner Effekt: $f^2 = 0.02$

- Mittlerer Effekt: $f^2 = 0.15$

- Großer Effekt: $f^2 = 0.35$

Die von Cohen (1977) aufgestellten Konventionen sind numerisch nicht äquivalent. Demnach sind in Abhängigkeit des verwendeten Effektmaßes kleine, mittlere und große Effekte unterschiedlich groß (vgl. z.B. die Konventionen zu Korrelationen in Kapitel 3.3).

6.4 Weitere relevante Kenngrößen

Der Stichprobenumfang bzw. die Teststärke hängt neben dem Alpha- und Betaniveau noch von anderen Faktoren ab, wie beispielsweise der Anzahl der abhängigen Variablen, dem Vorhandensein einer Messwiederholung oder dem Aufbau des Versuchsplans. Abb. 41 liefert einen unvollständigen Überblick über die Faktoren, die die Teststärke bzw. den Stichprobenumfang beeinflussen.

Überblick

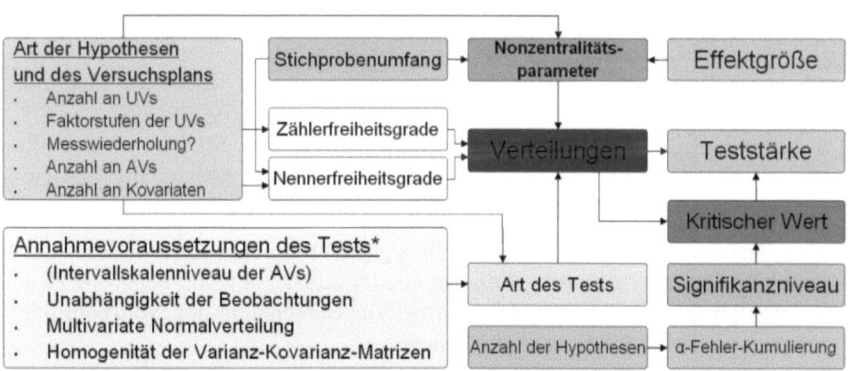

Abb. 41: Darstellung der Einflussfaktoren, welche die Teststärke der Untersuchung beeinflussen (* Hier beispielhaft: Annahmevoraussetzungen der MANOVA).

6.4.1 Nonzentralitätsparameter, zentrale und nonzentrale Verteilung

Überblick

Zunächst werden folgende, für die Teststärke bzw. den Stichprobenumfang relevante Kennwerte besprochen:

- Signifikanzniveau

- Betaniveau

- Stichprobenumfang N

- Nonzentralitätsparameter λ

- Zentrale und nonzentrale Verteilung

- Teststärke bzw. Power (1 − β)

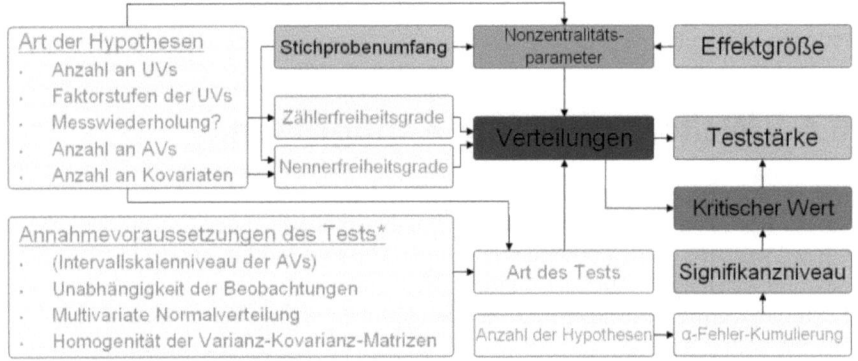

Abb. 42: Darstellung der Einflussfaktoren Stichprobenumfang N, Nonzentralitätsparameter λ, zentrale und nonzentrale Verteilung, Effektgröße, kritischer Wert und Signifikanzniveau, welche die Teststärke der Untersuchung beeinflussen.

Da die meisten dieser Parameter bereits in den Kapiteln 5.6 und 6.3 detailliert erörtert wurden, erfolgt an dieser Stelle lediglich eine Darstellung des Nonzentralitätsparameters sowie der zentralen und nonzentralen Verteilung.

Nonzentralitätsparameter Lambda (λ)

Im univariaten Fall, d.h. bei einer abhängigen Variable, setzt sich der Nonzentralitätsparameter Lambda (λ) multiplikativ aus der Stichprobengröße N und der Effektgröße f^2 zusammen. Die Formel zur Berechnung des Nonzentralitätsparameters λ (für den F-Wert) lautet folglich:

Formel

$$\lambda = N \cdot f^2$$

Hierbei gilt:

λ = Nonzentralitätsparameter

N = Stichprobenumfang

f^2 = (angenommene) Effektgröße

Die Verteilungen werden von dem Nonzentralitätsparameter λ, den Freiheitsgraden und der Art des Tests bestimmt. Der Nonzentralitätsparameter nimmt lediglich auf die nonzentrale Verteilung Einfluss, während die Zähler- und Nennerfreiheitsgrade sowohl die zentrale als auch die nonzentrale Verteilung maßgeblich festlegen. Die Art des verwendeten Tests legt fest, auf welche zentralen und nonzentralen Verteilungen (z.B. F-Verteilung, t-Verteilung, χ^2-Verteilung usw.) zurückgegriffen wird.

Verteilungsform der zentralen und nonzentralen Verteilung

Die F-Verteilung basiert auf F-Werten, die mit folgender Formel berechnet werden können:

Beispiel: F-Verteilung

Formel

$$F = \frac{\dfrac{QS_{Zwischen}}{df_Z}}{\dfrac{QS_{Innerhalb}}{df_N}}$$

Hierbei gilt:

F	= F-Wert
$QS_{Zwischen}$	= Hypothesenquadratsumme
$QS_{Innerhalb}$	= Fehlerquadratsumme
df_Z	= Zählerfreiheitsgrade
df_N	= Nennerfreiheitsgrade

Die Hypothesenquadratsumme bezieht sich dabei auf die aufgeklärte Varianz, während die Fehlerquadratsumme auf die nicht aufgeklärte Varianz verweist. Summiert man die beiden Quadratsummen, so erhält man die totale Quadratsumme, welche die Gesamtvarianz repräsentiert. Die Zähler- und Nennerfreiheitsgrade werden im nächsten Kapitel erörtert.

Quadratsummen

6.4.2 Hypothesen, Versuchsplan und Freiheitsgrade

In diesem Unterkapitel werden die Zähler- und Nennerfreiheitsgrade sowie die Art der Hypothesen und des Versuchsplans erörtert, welche die Teststärke einer Untersuchung maßgeblich beeinflussen. Unter Art der Hypothesen und des Versuchsplans werden folgende weitere Variablen subsumiert:

- Anzahl an unabhängigen Variablen
- Faktorstufen der unabhängigen Variablen
- Messwiederholung einzelner Variablen
- Anzahl an abhängigen Variablen
- Anzahl an Kovariaten

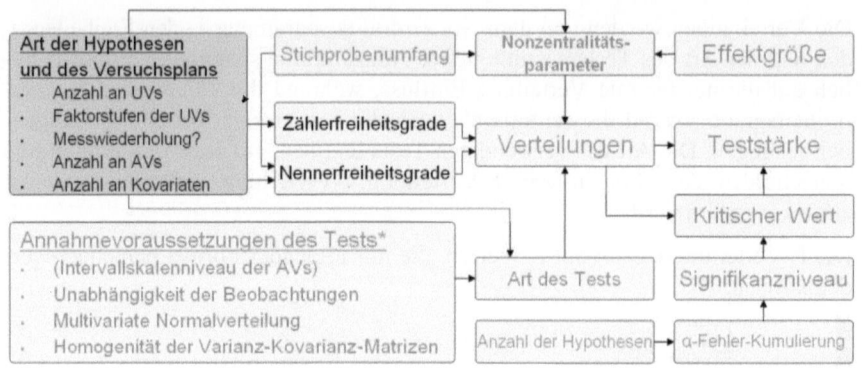

Abb. 43: Darstellung der Einflussfaktoren Zähler- und Nennerfreiheitsgrade sowie der Art der Hypothesen, welche die Teststärke der Untersuchung beeinflussen.

Definition

> Die Zählerfreiheitsgrade geben die Anzahl der bei der Berechnung eines Kennwerts frei variierbaren Werte im Zähler an (im Englischen sowie bei GPower 3 als Numerator bezeichnet).

Synonym wird hier auch der Begriff Hypothesenfreiheitsgrade benutzt. Die Abkürzungen df_h, df_Z und df_{treat} (df ist die Abkürzung für degrees of freedom) beziehen sich allesamt auf diese Hypothesenfreiheitsgrade. Die Zählerfreiheitsgrade wirken sich maßgeblich auf die Teststärke eines Tests aus, da sie als Parameter die Kurvenverläufe der zentralen und nonzentralen Verteilung erheblich beeinflussen. Je größer die Zählerfreiheitsgrade, desto kleiner ist die Teststärke (bzw. desto mehr Versuchspersonen werden benötigt, um die gleiche Teststärke zu erzielen). Die Berechnung der Größe der Zählerfreiheitsgrade ist abhängig von der zu untersuchenden Hypothese, die wiederum angibt, welche abhängigen und unabhängigen Variablen (Faktoren) mit welchen Faktorstufen betroffen sind.

Komplexere
Hypothesen

Stark vereinfacht kann man sagen, dass komplexere Hypothesen mehr Zählerfreiheitsgrade aufweisen und dadurch ein größerer Stichprobenumfang zu deren Überprüfung benötigt wird. Unter einer komplexeren Hypothese wird hier eine Hypothese verstanden, die sich auf zahlreiche unabhängige Variablen mit vielen Faktorstufen bezieht.

Berechnung im
univariaten Fall

Die Formel zur Berechnung der Hypothesenfreiheitsgrade lautet im univariaten Fall (d.h. bei einer abhängigen Variablen):

Formel

$$df_h = (p - 1) \cdot (q - 1) \cdot \ldots \cdot (z - 1)$$

Hierbei gilt:

p = Faktorstufen des ersten – für die Hypothese relevanten – Faktors

q = Faktorstufen des zweiten – für die Hypothese relevanten – Faktors z = Faktorstufen des letzten – für die Hypothese relevanten – Faktors

Zwei Beispiele illustrieren die Berechnung der Hypothesenfreiheitsgrade: Beispiele

- In einer Untersuchung wird der Haupteffekt einer fünffachgestuften unabhängigen Variable (p = 5) auf eine abhängige Variable überprüft. Die Zählerfreiheitsgrade betragen somit vier (5 – 1).

- In einer weiteren Studie werden die Zählerfreiheitsgrade für eine postulierte Wechselwirkung höherer Ordnung auf eine abhängige Variable ermittelt. Dabei kommen vier unabhängige Variablen zum Einsatz, die allesamt zweifachgestuft sind (p = 2, q = 2, r = 2, s = 2). Hier liegt nur ein einziger Zählerfreiheitsgrad vor[4]. Dessen Berechnung lautet: (2 – 1) • (2 – 1) • (2 – 1) • (2 – 1) = 1.

Aus der Formel zur Berechnung der Zählerfreiheitsgrade lassen sich folgende   Schlussfolgerungen
Schlussfolgerungen ziehen:

- **Auswirkungen zweifachgestufter Variablen:** Sind alle unabhängigen Variablen zweifachgestuft, können theoretisch beliebig viele unabhängige Variablen (Faktoren) vorhanden sein, ohne den Wert von einem einzigen Zählerfreiheitsgrad im univariaten Fall zu überschreiten. Für die Teststärke ist dies von großem Vorteil. Allerdings gilt dies nur für die Zählerfreiheitsgrade. Mit der Aufnahme weiterer (zweifachgestufter) Faktoren ändern sich die Nennerfreiheitsgrade (siehe unten) und damit die Teststärke.

- **Auswirkungen n-fachgestufter Variablen:** Bei vielen unabhängigen Variablen mit vielen Faktorstufen ergeben sich im univariaten Fall höhere Zählerfreiheitsgrade. Dies wirkt sich negativ auf die Teststärke aus bzw. es müssten – um dieselbe Teststärke zu erreichen – mehr Versuchspersonen erhoben werden.

> Die Nennerfreiheitsgrade geben die Anzahl der bei der Berechnung eines   Definition
> Kennwerts frei variierenden Werte im Nenner (im Englischen sowie bei
> GPower 3 als Denominator bezeichnet) an.

Als Synonym wird auch der Begriff Fehlerfreiheitsgrade (im Englischen mit „e" für error abgekürzt) verwendet. Die Abkürzungen df_e, df_N, df_{error} und df_{Fehler} beziehen sich allesamt auf diese Größe. Je größer die Nennerfreiheitsgrade, desto größer ist die Teststärke bzw. desto weniger Versuchspersonen benötigt man, um die gleiche Teststärke zu erzielen, da die Nennerfreiheitsgrade als Parameter die Kurvenverläufe der zentralen und nonzentralen Verteilung beeinflussen. Die Fehlerfreiheitsgrade werden dabei durch den Stichprobenumfang und den verwendeten Versuchsplan bestimmt.

---

[4] Man erkennt, dass die zuvor gemachte Behauptung, komplexere Hypothesen würden mehr Zählerfreiheitsgrade aufweisen, eine starke Vereinfachung darstellt bzw. deren Richtigkeit davon abhängt, was man als „komplex" bezeichnet.

Berechnung im univariaten Fall

Die Formel zur Berechnung der Nennerfreiheitsgrade lautet im univariaten Fall ohne Messwiederholung:

Formel

$$df_e = (N - (p \cdot q \cdot \ldots \cdot z)) - k$$

Hierbei gilt:

N = Stichprobenumfang

p = Faktorstufen des ersten Faktors

q = Faktorstufen des zweiten Faktors

z = Faktorstufen des letzten Faktors

k = Anzahl an Kovariaten

Beispiel

In einer Studie sollen beispielsweise die Nennerfreiheitsgrade ermittelt werden. Dabei kommen drei unabhängige Variablen zum Einsatz, die drei-, vier- und fünffachgestuft sind (p = 3, q = 4, r = 5) sowie insgesamt 200 Versuchspersonen, eine abhängige Variable und eine Kovariate. Hier liegen 139 Nennerfreiheitsgrade vor. Die Berechnung lautet: $(200 - (3 \cdot 4 \cdot 5)) - 1 = 139$.

Schlussfolgerungen

Aus der Formel zur Berechnung der Fehlerfreiheitsgrade im univariaten Fall lassen sich folgende Schlussfolgerungen ziehen:

- **Faktoren und Faktorstufen:** Je mehr Faktoren vorliegen und je größer die Faktorstufen sind, desto kleiner sind die Nennerfreiheitsgrade. Dies wirkt sich negativ auf die Teststärke aus.

- **Kovariaten:** Je mehr Kovariaten existieren, desto kleiner sind die Nennerfreiheitsgrade. Dies reduziert ebenfalls die Teststärke.

Allerdings ist der Einfluss von Faktoren, Faktorstufen und Kovariaten auf die Teststärke (im Vergleich zu Änderungen der Zählerfreiheitsgrade) sehr gering.

Hypothesen und Versuchsplan

Die Art der Hypothesen und des Versuchsplans ist festgelegt durch die Anzahl der unabhängigen Variablen, die Anzahl der Faktorstufen und die Anzahl der Kovariaten. Außerdem ist relevant, ob eine Messwiederholung vorliegt. Durch die ausführliche Betrachtung der Formeln zu den Zähler- und Nennerfreiheitsgraden wurde der Einfluss dieser Kennwerte bereits erörtert. Im Folgenden wird noch graphisch für die einzelnen Parameter veranschaulicht, wie diese die Teststärke der Untersuchung beeinflussen.

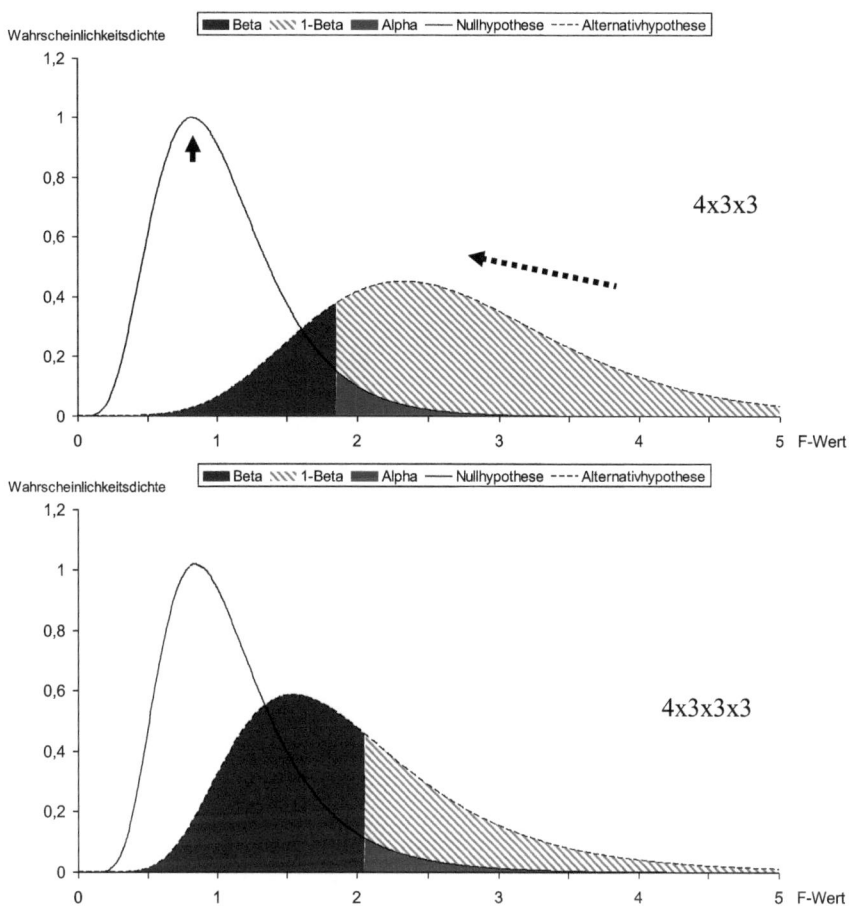

Abb. 44: Darstellung der Auswirkungen durch die Veränderung des Versuchsplans (von einem 4x3x3-faktoriellen, univariaten Versuchsplan ohne Messwiederholung und ohne Kovariaten auf ein 4x3x3x3-faktorielles Design) auf die zentrale (Nullhypothese H_0) und nonzentrale (Alternativhypothese H_1) Verteilung sowie auf die Teststärke.

Abb. 44 zeigt, wie sich die Teststärke durch die Hinzunahme einer weiteren, dreifachgestuften unabhängigen Variable verändert. Die Teststärke reduziert sich in diesem Beispiel von 80.05% auf 38.62%. Neben der Veränderung der zentralen Verteilung ist vornehmlich die nonzentrale Veränderung für den massiven Teststärkenverlust verantwortlich. Dies liegt daran, dass die nonzentrale Verteilung durch die Hinzunahme der dreifachgestuften, vierten unabhängigen Variable auf der x-Achse nach links wandert und die Kurve zugleich zusammengestaucht wird.

Im Gegensatz dazu wirkt sich die Hinzunahme von zwei zweifachgestuften unabhängigen Variablen nur relativ geringfügig auf die Teststärke aus. Im

Beispiel, welches in der Abb. 45 visualisiert wird, sinkt die Teststärke lediglich von 95.03% auf 90.04% ab.

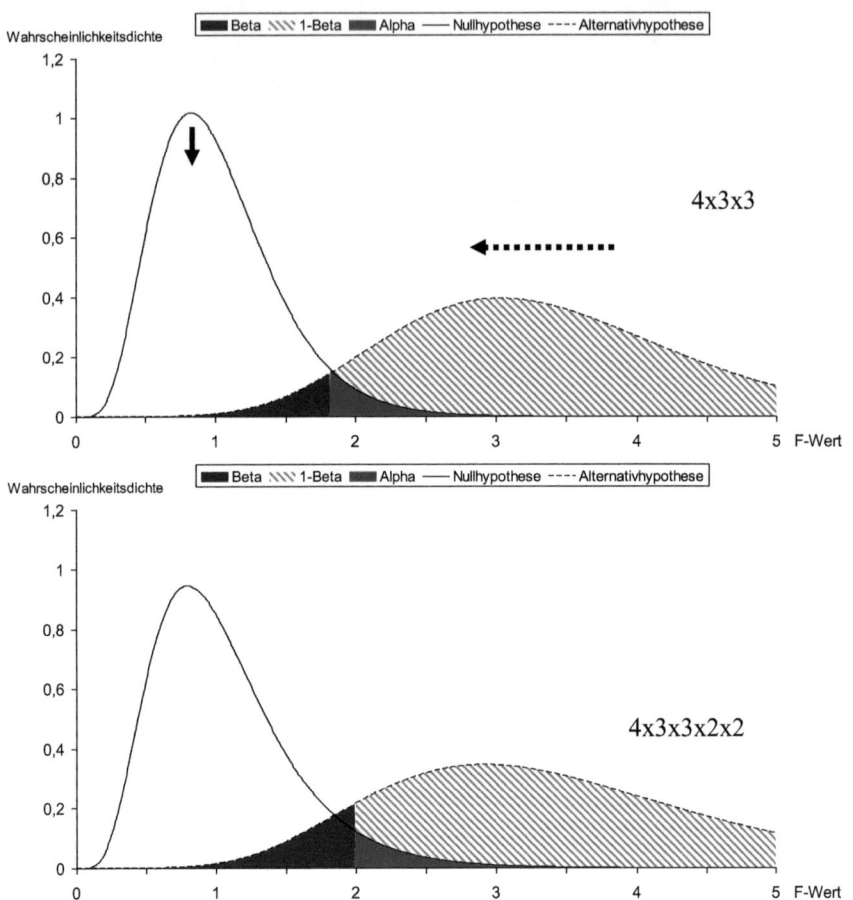

Abb. 45: Darstellung der Auswirkungen durch die Veränderung des Versuchsplans (von einem 4x3x3-faktoriellen, univariaten Versuchsplan ohne Messwiederholung und ohne Kovariaten auf ein 4x3x3x2x2-faktorielles Design) auf die zentrale (Nullhypothese H_0) und nonzentrale (Alternativhypothese H_1) Verteilung sowie auf die Teststärke.

6.4.3 Annahmevoraussetzungen und Art des Tests

Auch die Frage, welche Tests (z.B. t-Test, F-Test, χ^2-Test usw.) zur Überprüfung der Hypothesen zum Einsatz gelangen, beeinflusst die Teststärke. Abhängig ist diese Entscheidung unter anderem von der Art der Hypothese (z.B. der Anzahl an abhängigen und unabhängigen Variablen) sowie der Frage, ob die Annahmevoraussetzungen des gewünschten Tests erfüllt sind.

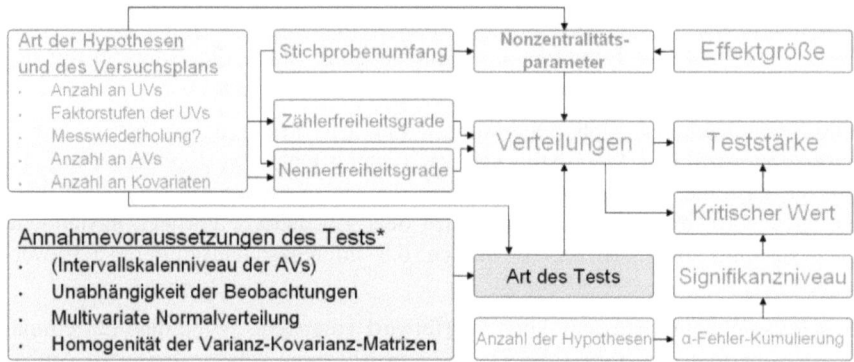

Abb. 46: Darstellung der Einflussfaktoren Annahmevoraussetzungen und Art des Tests, welche die Teststärke über die Form der zentralen und nonzentralen Verteilung beeinflussen (* Hier beispielhaft: Annahmevoraussetzungen der MANOVA).

Mit der Art des Tests ist gemeint, welcher inferenzstatistische Test (z.B. t-Test, F-Test, χ^2-Test usw.) zum Einsatz kommt. Grundsätzlich kann hier zwischen parametrischen und nonparametrischen Verfahren unterschieden werden. Eine genauere Erörterung soll an dieser Stelle nicht erfolgen.

Art des Tests

Ob ein parametrischer oder ein nonparametrischer Test zum Einsatz kommt, hängt unter anderem davon ab, ob die Annahmevoraussetzungen des jeweiligen Tests erfüllt sind. Beispielsweise wird für die Durchführung einer MANOVA Intervallskalenniveau der abhängigen Variablen, die Unabhängigkeit der Beobachtungen, eine multivariate Normalverteilung sowie die Homogenität der Varianz-Kovarianz-Matrizen vorausgesetzt. Auch hier soll keine genauere Erörterung der Annahmevoraussetzungen erfolgen.

Annahmevoraussetzungen des Tests

6.4.4 Alphafehlerkumulierung

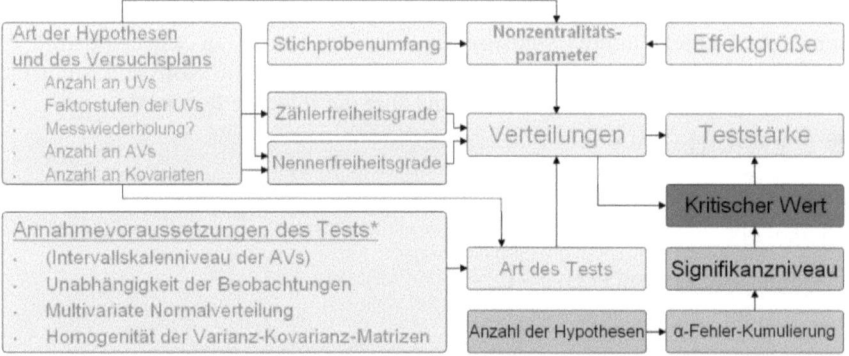

Abb. 47: Darstellung der Einflussfaktoren Anzahl der Hypothesen und der daraus resultierenden Alphafehlerkumulierung, welche die Teststärke über die Adjustierung des Alphafehlers beeinflussen.

Die Frage, wie viele Hypothesen in der Untersuchung gleichzeitig geprüft werden, beeinflusst die Teststärke der Untersuchung durch die Adjustierung des Alphaniveaus zur Vermeidung einer Alphafehlerkumulierung.

Alphafehler-kumulierung

Das Phänomen der Alphafehlerkumulierung tritt grundsätzlich bei mehreren inferenzstatistischen Tests bzw. bei der Testung mehrerer Hypothesen auf. Es besagt, dass die Wahrscheinlichkeit, mit der ein postuliertes Muster in Zahlen gesehen wird, obwohl eigentlich keines oder ein anderes vorliegt, ansteigt, je häufiger die Zahlen „betrachtet" werden, d.h. inferenzstatistisch untersucht werden.

Beispiel

Als Beispiel kann man sich einen Würfelwurf vorstellen. Wenn man nur einmal würfelt, besteht nur einmal die Chance eine Sechs zu würfeln bzw. das Alphafehlerniveau zu überwinden. Wenn aber mehrfach gewürfelt wird, dann besitzt man gleich mehrere Chancen auf die Augenzahl Sechs und die Wahrscheinlichkeit, dass das festgelegte Niveau überwunden wird, steigt folglich an. Es beträgt nicht mehr 5%, sondern steigt wie folgt an:

Formel

$$\pi = 1 - (1 - \alpha)^m$$

Hierbei gilt:

α = Signifikanzniveau (z.B. 5%)

m = Anzahl an Tests

Beispiel

In einer Studie sollen beispielsweise drei Hypothesen mit einem Signifikanzniveau von 5% getestet werden. Der tatsächliche Alphafehler läge hier bei 14.3%. Die Berechnung lautet: $\pi = 1 - (1 - 0.05)^3 \approx 0.143$.

Die Alphafehlerkumulierung tritt nur dann auf, wenn die Tests unabhängig (orthogonal) voneinander sind. Wird beispielsweise zehn Mal derselbe Test angewandt, so führt dies nicht zu einem erhöhten Alphafehler.

Korrekturverfahren

Um dem Problem der Alphafehlerkumulierung zu begegnen, existieren verschiedene Korrekturverfahren. Diese stellen sicher, dass die Wahrscheinlichkeit in mindestens einem inferenzstatistischen Test ein Muster zu sehen, obwohl es überhaupt nicht existiert, nicht mehr als 5% beträgt. Eine Korrektur stellt die Ermittlung des neuen Signifikanzniveaus über die folgende Formel dar:

Formel

$$\pi = 1 - (1 - \alpha)^{1/m}$$

Hierbei gilt:

α = Signifikanzniveau (z.B. 5%)

m = Anzahl an Tests

Als Korrekturverfahren zur Alphafehlerkumulierung kann man die Bonferroni-Korrektur mit folgender Formel verwenden:

$$\alpha' = \frac{\alpha}{m}$$

Formel

Hierbei gilt:

α = Signifikanzniveau (z.B. 5%)

m = Anzahl der Tests

Besitzt eine Untersuchung mehrere Hypothesen, die man inferenzstatistisch überprüfen will, teilt man Alpha durch die Anzahl der Tests und verteilt damit die 5% auf die einzelnen Hypothesen. Somit wird das Signifikanzniveau von 5% insgesamt nicht überschritten.

In einer Untersuchung werden zum Beispiel drei Hypothesen getestet. Hierdurch ändert sich das 5%-Signifikanzniveau auf 5% : 3 = 1.67%. Demnach ist ein Alphaniveau von 1.67% für die Untersuchung zu wählen, wenn ein Signifikanzniveau von insgesamt 5% nicht überschritten werden soll.

Beispiel

Die Bonferroni-Korrektur stellt ein sehr einfaches Verfahren zur Korrektur der Alphafehlerkumulierung bereit. Als problematisch kann sich bei dem Verfahren die sehr konservative Testung erweisen. Dies bedeutet, dass fast nie Muster gesehen werden, d.h. die einzelnen Hypothesen haben sehr kleine (korrigierte) Alphaniveauwerte und können folglich kaum signifikant werden. Das Gegenteil einer zu konservativen Testung ist eine zu progressive Testung. In diesem Fall werden (zu) häufig Muster in den Zahlen gesehen.

Vor- und Nachteile

Angenommen, eine Korrelationsstudie soll mit fünf Variablen für ein Konstrukt A und mit acht Variablen für ein Konstrukt B durchgeführt werden. Insgesamt werden in der Untersuchung 40 Korrelationen (5 • 8) ermittelt. Zur inferenzstatistischen Absicherung prüft man diese Korrelationen auf dem 5%-Niveau. Dabei kann die Bonferroni-Korrektur angewandt werden. Man erhält ein korrigiertes Alphaniveau von 0.125% (5% : 40). Diesen Wert muss eine einzelne Hypothese übertreffen, um Signifikanz zu erreichen. Formal zwar korrekt, aber möglicherweise viel zu konservativ.

Beispiel

Die sequentielle Bonferroni-Korrektur nach Holm (1979) bietet einen Ansatz zur Lösung dieses Problems. Die einzelnen inferenzstatistischen p-Werte aus mehreren Einzelvergleichen, Korrelationen usw. werden der Reihe nach mit einer modifizierten Bonferroni-Korrektur auf Signifikanz geprüft. Dabei wird folgendes Vorgehen durchlaufen (vgl. Tab. 11):

Sequentielle Bonferroni-Korrektur nach Holm

1. Alle ermittelten Kennwerte, die auf Signifikanz geprüft werden sollen, werden in eine Rangreihe gebracht und zwar beginnend mit dem dazugehörigen niedrigsten p-Wert.

2. Der „signifikanteste" Kennwert (= Kennwert mit dem kleinsten p-Wert) wird nach der herkömmlichen Bonferroni-Korrektur auf Signifikanz geprüft:

$$\alpha' = \frac{\alpha}{m}$$

3. Sofern der p-Wert dieses Kennwertes kleiner als das adjustierte Alphaniveau ist (also signifikant ist), erfolgt die Prüfung des zweitgrößten Kennwertes. Hier beträgt das Signifikanzniveau:

$$\alpha' = \frac{\alpha}{(m-1)}$$

4. Ist auch dieser signifikant, folgt die nächste Prüfung für den drittgrößten Kennwert mit dem drittkleinsten p-Wert mit:

$$\alpha' = \frac{\alpha}{(m-2)}$$

5. Dies wird so lange wiederholt, bis ein p-Wert nicht mehr signifikant wird (Abbruchkriterium). Dies geschieht bei k signifikanten Kennwerten auf dem Rangplatz k+1 mit einem Signifikanzniveau von: a´ = a / (m - k).

6. Dieser und alle nachfolgenden p-Werte sind folglich nicht mehr signifikant.

Vor- und Nachteile   Vorteil dieses Verfahrens ist, dass es formal korrekt ist, praktikable Ergebnisse liefert und die einzelnen Hypothesen bzw. inferenzstatistischen Tests eine Chance haben, signifikant zu werden, d.h. die Vorgehensweise nicht zu konservativ ist. Als nachteilig erweist sich die aufwändigere Berechnung.

Tab. 11: Beispielhafte Berücksichtigung der Alphafehlerkumulierung mittels sequentieller Bonferroni-Korrektur nach Holm mit $\alpha = 0.05$.

n	p_n	m-(n-1)	$\alpha'_n = \alpha/(m-(n-1))$	$p_n < \alpha'_n$
1	0.000001	6	0.00833	*
2	0.0002	5	0.01	*
3	0.0004	4	0.0125	*
4	0.003	3	0.0167	*
5	0.04	2	0.025	Abbruch
6	0.369	1	0.05	

Anmerkungen: n = Nummer der in eine Rangreihe gebrachten Tests; p_n = empirisch ermittelte Wahrscheinlichkeit des Tests mit der Nummer n; m = Anzahl der simultanen Tests, die in der Korrektur berücksichtigt werden; α'_n = adjustiertes Alphaniveau der sequentiellen Bonferroni-Korrektur nach Holm; α = berücksichtigtes α-Niveau von 5%. Die ersten vier p-Werte erreichen noch das Signifikanzniveau, während beim fünften p-Wert das korrigierte 5%-Niveau verfehlt wird. Bei diesem Wert erfolgt der Abbruch.

6.4.5 Orientierungshilfen für die eigene Untersuchung

Nachfolgend sollen einige Orientierungshilfen zur Planung und Auswahl der eigenen Untersuchung und ihrer Hypothesen vorgestellt werden. Die dort aufgeführten Maßnahmen beziehen sich lediglich auf die Optimierung der Teststärke der Untersuchung. Zu beachten ist, dass die Auswahl der Hypothesen und des Versuchsplans in erster Linie nach inhaltlichen Erwägungen erfolgt und erst nachrangig bzw. begleitend dazu eine Maximierung der Teststärke angestrebt werden sollte!

Hypothesenauswahl vorrangig nach inhaltlichen Gesichtspunkten vornehmen

Zur Optimierung der Teststärke können folgende Orientierungsrichtlinien von Nutzen sein:

…und nachrangig nach Teststärkengesichtspunkten

- **Versuchsplan einfach halten:** Nach Möglichkeit sollte auf zu komplexe Versuchspläne mit mannigfaltigen, hypothesenrelevanten unabhängigen Variablen, die jeweils eine große Zahl an Faktorstufen besitzen, verzichtet werden, da derartige Designs eine sehr große Anzahl an Versuchspersonen erfordern.

- **Beschränkung auf wenige Hypothesen:** Aufgrund der durchzuführenden Adjustierung des Alphaniveaus und dem damit einhergehenden Teststärkenverlust sollten nur so wenige Hypothesen wie unbedingt erforderlich untersucht werden.

- **Zweifachgestufte unabhängige Variablen hinzufügen:** Die Hinzunahme von zweifachgestuften unabhängigen Variablen führt im univariaten Fall zumeist nur zu einem unbedeutenden Teststärkeverlust und kann daher empfohlen werden, sofern eine zweifachgestufte unabhängige Variable nach inhaltlichen Gesichtspunkten sinnvoll ist.

- **Höhergestufte unabhängige Variablen nach Möglichkeit vermeiden:** Bereits dreifachgestufte unabhängige Variablen belasten die Teststärke deutlich stärker als eine zweifachgestufte unabhängige Variable. Daher sollten eher zwei oder mehrere zweifachgestufte unabhängige Variablen in den Versuchsplan aufgenommen werden als eine drei- oder vierfachgestufte unabhängige Variable.

- **Kovariaten verwenden:** Kovariaten belasten die Teststärke in aller Regel nur unerheblich und können daher problemlos in den Versuchsplan integriert werden, sofern deren Messung nicht allzu viel Zeit in der Untersuchung veranschlagt (z.B. ist ein aufwendiger IQ-Test von drei Stunden im Vorfeld für eine fünfminütige Untersuchung zumeist nicht zu empfehlen).

- **Messwiederholungen durchführen:** Der Einsatz von messwiederholten Versuchsplänen kann zu einer deutlichen Verbesserung der Teststärke führen und bietet sich insbesondere dann an, wenn von einem sehr schwachen Effekt auszugehen ist. Zu beachten ist, dass nicht bei allen Fragestellungen eine Messwiederholung sinnvoll angewendet werden kann. Beispielsweise erübrigt sich in manchen Lernexperimenten eine Messwiederholung, da die Personen bei wiederholter Darbietung der Lernmaterialien bereits auf ihr unmittelbar zuvor erworbenes Wissen zurückgreifen können. Zudem weiß der Proband nach der ersten Darbietung, welche Lernfragen im Anschluss präsentiert werden und kann sein Lernverhalten entsprechend anpassen.

Abschließend ist darauf hinzuweisen, dass diese Empfehlungen nicht beachtet werden müssen, wenn von einem sehr starken Effekt oder von einer sehr großen Anzahl an Versuchspersonen ausgegangen werden kann. In diesen Fällen kann man versuchsplanerisch – bezogen auf die Teststärke – nicht allzu viel falsch machen. Bei Annahme eines sehr kleinen Effekts kann hingegen selbst bei einem einfachen Versuchsdesign (z.B. 2 x 2) der benötigte Stichprobenumfang sehr groß ausfallen.

6.5 Zusammenfassung und Fazit

Abb. 48 stellt das Kapitel Stichprobenumfangsplanung in Form einer Mind Map dar.

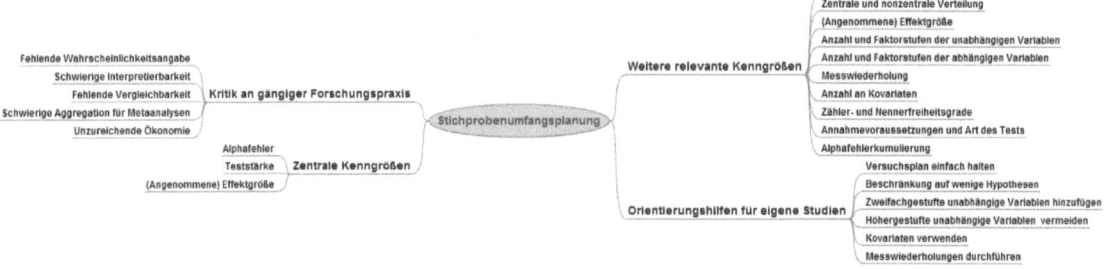

Abb. 48: Mind Map zum Kapitel Stichprobenumfangsplanung.

Zusammenfassung und Fazit

Dieses Kapitel stellte die Gründe für die Berechnung des Stichprobenumfanges im Vorfeld einer empirischen Studie vor. Zunächst erfolgte eine kritische Darstellung der gängigen Forschungspraxis, in der weder eine Stichprobenumfangsplanung im Vorfeld der Untersuchung noch Teststärkenberechnungen im Anschluss der Studie durchgeführt werden. Die häufig in Lehrbüchern aufgeführten vier Kenngrößen (Stichprobenumfang, Signifikanzniveau, Betafehler bzw. Teststärke und angenommener Effekt) wurden im Anschluss vorgestellt. Weitere relevante Parameter und Variablen wurden vorgestellt, die den benötigten Stichprobenumfang beeinflussen. Abschließend wurden Orientierungshilfen zur Planung und Auswahl der eigenen Untersuchung und ihrer Hypothesen erörtert. In jedem Fall sollte in eigenen Untersuchungen eine Stichprobenumfangsplanung (z.B. mittels GPower) vorgenommen werden.

6.6   Lernfragen

1. Welche Vorteile bieten die Durchführung einer Stichprobenumfangsplanung und die Angabe von Teststärken und Effektgrößen?

2. Welche Kenngrößen sind nach diversen Statistikbüchern von zentraler Bedeutung zur Bestimmung des Stichprobenumfanges?

3. Definieren Sie die Begriffe Alpha- und Betafehler sowie Teststärke!

4. Wie hängen Alpha- und Betafehler sowie Teststärke zusammen?

5. Erläutern Sie den Begriff (angenommene) Effektgröße!

6. Wie verändern der Alphafehler, der Stichprobenumfang und die (angenommene) Effektgröße die Teststärke?

7. Von welchen weiteren Einflussgrößen ist der Stichprobenumfang bzw. die Teststärke abhängig?

8. Wie wird die Teststärke von der Anzahl an unabhängigen Variablen beeinflusst?

9. Wie beeinflussen die Faktorstufen von unabhängigen Variablen die Teststärke?

10. Wann tritt das Problem der Alphafehlerkumulierung auf?

11. Beschreiben Sie ausgewählte Korrekturverfahren zur Alphafehlerkumulierung!

12. Welche Vor- und Nachteile besitzt die sequentielle Bonferroni-Korrektur nach Holm (1979) im Vergleich zur herkömmlichen Bonferroni-Korrektur?

13. Nach welchen Kriterien sollte die Hypothesenauswahl primär erfolgen?

14. Erläutern Sie einzelne Orientierungsrichtlinien zur Hypothesenauswahl, die der Optimierung der Teststärke dienen!

7 Fazit und Ausblick

7.1 Übersicht und Lernziele

Das abschließende Kapitel fasst die zentralen Konzepte des vorliegenden Lehrbuches zusammen. Dabei werden die Inhalte aus den Kapiteln zur Datenerhebung, zu den Testgütekriterien, zu Untersuchungsplänen, zur Datenauswertung sowie zur Stichprobenumfangsplanung aufgegriffen. Im Anschluss folgt ein kurzer, weiterführender Ausblick.

Folgende Lernziele sind Bestandteil des letzten Kapitels:

- Welche Stärken und Schwächen besitzen Beobachtungen, Befragungen, standardisierte Tests, Experimente, projektive Verfahren und Computersimulationen als unterschiedliche Formen der Datenerhebung?

- Wie können die Hauptgütekriterien Objektivität, Reliabilität und Validität weiter differenziert werden und welche Nebengütekriterien unterscheidet man?

- Welche spezifischen Vor- und Nachteile besitzen Querschnittsdesigns, Längsschnittsdesigns und sequentielle Versuchspläne?

- Wie kann die Dateneingabe, Datenaufbereitung und Datenvisualisierung erfolgen, wie werden Drittvariablen berücksichtigt und wie überprüft man Hypothesen inferenzstatistisch?

- Wie beeinflusst das Signifikanzniveau, die Teststärke und die angenommene Effektgröße den erforderlichen Stichprobenumfang einer Untersuchung und welche weiteren Kenngrößen sind bei der Stichprobenumfangsplanung zu beachten?

7.2 Zusammenfassung der vorangegangenen Kapitel

Im vorliegenden Lehrbuch wurden die Methoden der Entwicklungspsychologie in die Bereiche Datenerhebung (Kapitel 2) und Datenauswertung (Kapitel 5) unterteilt. Zur Beurteilung der Qualität der Datenerhebung dienten die Testgütekriterien Objektivität, Reliabilität, Validität sowie weitere Nebengütekriterien (Kapitel 3). Im Vorfeld einer Studie sollte neben der Auswahl eines geeigneten Untersuchungsdesigns (z.B. Querschnittsdesigns, Längsschnittsdesigns oder sequentielle Versuchspläne, Kapitel 4) auch eine Berechnung des benötigten

Stichprobenumfanges erfolgen (Kapitel 6). Abb. 49 veranschaulicht noch einmal die vorangegangenen Kapitel des Lehrbuches im Zeitablauf einer Untersuchung.

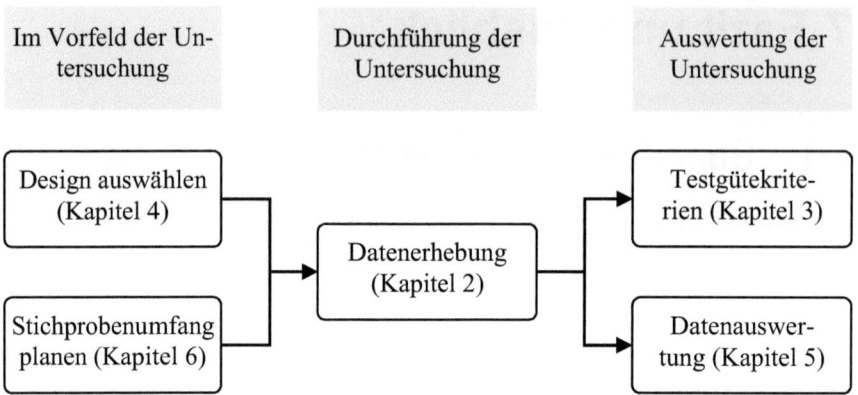

Abb. 49: Darstellung der vorangegangenen Kapitel im Zeitablauf einer Untersuchung.

Datenerhebung

Das zweite Kapitel beschäftigte sich mit den Methoden der Datenerhebung. Datenerhebungen sind Sammlungen von Messungen. Unter einer Messung versteht man die homomorphe Abbildung eines empirischen in ein numerisches Relativ bzw. eine möglichst strukturerhaltende Abbildung eines „Realitätsausschnittes" (einem Ausschnitt aus unserer Umwelt) in Zahlen. Erörtert wurden Beobachtungen, Befragungen, standardisierte Tests, Experimente, projektive Verfahren sowie – als Methode zur Datengenerierung – Computersimulationen. Vor- und Nachteile der einzelnen Datenerhebungsverfahren wurden dabei besprochen. Die Verfahren überschneiden sich teilweise und werden bei der Datenerhebung zudem oft kombiniert. Welches Verfahren in einer bestimmten Studie zum Einsatz kommen sollte, hängt von mehreren Faktoren ab, wie etwa dem Alter der Probanden, dem Ziel der Studie, Vorlieben des Forschers für eine bestimmte Methode oder den eingesetzten Methoden in bisher durchgeführten Untersuchungen zu einem ähnlichen Thema.

Testgütekriterien

Im dritten Kapitel wurden die Testgütekriterien Objektivität, Reliabilität und Validität sowie weitere Nebengütekriterien vorgestellt. Mit Hilfe dieser Gütekriterien lässt sich die Qualität der verschiedenen Datenerhebungsformen beurteilen. Die meisten Testgütekriterien stellen statistische Kennwerte dar, die auf der Berechnung der Korrelation basieren. Eine Korrelation beschreibt die Beziehung zwischen verschiedenen Variablen. Korrelationen beziehen sich in der Regel auf lineare Zusammenhänge und besitzen einen Wertebereich von -1 bis $+1$. Eine hohe Korrelation zwischen zwei Variablen bedeutet *nicht*, dass die beiden Variablen kausal miteinander zusammenhängen müssen. Interne und externe Validität sind Gütekriterien im Rahmen von Experimenten und als solche von der Validität im Kontext von Testgütekriterien abzugrenzen.

In der Entwicklungspsychologie spielt das Alter eine entscheidende Rolle. Das
vierte Kapitel erörterte, *wann, wie oft* und *mit welchen Altersgruppen* die Datenerhebung erfolgt. Diese Fragen beantwortet das Untersuchungsdesign (Versuchsplan). Das Kapitel ging dabei auf Querschnitts- und Längsschnittsdesigns
sowie sequentielle Versuchspläne ein, die mit den verschiedenen Arten der Datenerhebung (Kapitel 2) beliebig kombiniert werden können. Ebenfalls erörtert
wurde die Kontroverse zwischen Schaie und Baltes (1975). Beide Forscher haben sich mit den Vorzügen und Problemen einzelner Versuchspläne beschäftigt.
Von zentraler Bedeutung ist das Problem, dass das Alter bei der Datenerhebung
mit anderen Variablen konfundiert ist, etwa mit der Kohortenzugehörigkeit oder
dem Testzeitpunkt. Zudem stellt das Alter eine Organismusvariable dar und ist
somit nicht experimentell manipulierbar.

Untersuchungs-
designs

Die Berechnung des Stichprobenumfanges im Vorfeld einer empirischen Studie
und die damit verbundenen Vorteile waren Gegenstand des sechsten Kapitels.
Zunächst erfolgte eine kritische Darstellung der gängigen Forschungspraxis, in
der zumeist keine Stichprobenumfangsplanung im Vorfeld der Untersuchung
stattfindet. Ausgewählte Kenngrößen zur Berechnung des Stichprobenumfanges
und praktische Empfehlungen zur Planung einer Studie wurden außerdem erörtert. Abschließend wurden Orientierungshilfen zur Planung und Auswahl eigener
Untersuchungen und ihrer Hypothesen erörtert.

Stichproben-
umfangsplanung

7.3 Ausblick

In den kommenden Jahren und Jahrzehnten werden wir voraussichtlich weitere
massive technologische und wirtschaftliche Veränderungen erleben. Aber auch
Einstellungen und Werte werden sich wandeln. All diese Veränderungen werden
auch einen Einfluss auf die Entwicklungspsychologie und die dort zum Einsatz
kommenden Methoden besitzen.

Zahlreiche
Veränderungen

Zahlreiche Probleme, die in methodischer Hinsicht derzeit in der Entwicklungspsychologie existieren, werden dabei voraussichtlich bestehen bleiben. Beispielsweise werden auch zukünftig unterschiedliche Methoden zu unterschiedlichen Forschungsergebnissen führen (Kapitel 2.2). Das Problem der Konfundierung zwischen Inhaltsbereich und Umgang mit der Forschungsmethode bleibt
ebenfalls ungelöst. Zudem wird es weiterhin Diskontinuitäten bei der Frage geben, was als wissenschaftlich gilt (Kapitel 2.2). Vor allem das zentrale Problem
der Konfundierung zwischen Alter, Kohorte und Testzeitpunkt (Kapitel 4) wird
vermutlich auch in Zukunft in der entwicklungspsychologischen Forschung
fortbestehen.

Bestehenbleibende
Probleme

Gleichwohl werden zukünftige Entwicklungen zu erheblichen Fortschritten bei
der Erhebung und Auswertung von Datensätzen in der Entwicklungspsychologie
führen. Insbesondere bei den in Kapitel 2.8 aufgeführten Computersimulationen
ist mit neuen Entwicklungen zu rechnen. Auch das Internet bietet neue Möglichkeiten. So kann die Datenerhebung zukünftig etwa auf längsschnittlich relevante
Informationen aus sozialen Netzwerken wie Facebook zurückgreifen und somit

Zukünftige
Entwicklungen

zu einer erneuten Wiederbelebung der Tagebuch-Methode führen (Kapitel 2.3.1). Zur Datenerhebung kann auch auf Smartphones zurückgegriffen werden, die neue und interessante Möglichkeiten bei der Erfassung und Weiterverarbeitung entwicklungspsychologisch relevanter Datensätze ermöglichen. Leistungsstärkere Computer erlauben zukünftig den Einsatz neuer statistischer Methoden wie komplexere Bootstrap-Verfahren und ermöglichen Forschern so neue Möglichkeiten bei der Auswertung ihrer Datensätze (Kapitel 5 und 6). Vielleicht werden aber gerade jene Entwicklungen zu den tiefgreifendsten Veränderungen führen, die wir heute noch gar nicht erahnen.

Literaturverzeichnis

Baltes, P. B. (1967). Sequenzmodelle zum Studium von Altersprozessen: Querschnitts- und Längsschnittssequenzen. In F. Merz (Hg.), *Bericht über den 25. Kongreß der Deutschen Gesellschaft für Psychologie Münster 1966* (S. 423–430). Göttingen: Hogrefe.

Baltes, P. B. (1968). Longitudinal and Cross-Sectional Sequences in the Study of Age and Generation Effects. *Human Development, 11,* 145–171.

Baron, R. M., & Kenny, D. A. (1986). The moderator-mediator variable distinction in social psychological research: Conceptual, strategic, and statistical considerations. *Journal of Personality and Social Psychology, 52,* 1173–1182.

Batinic, B. (2004). Online-Research. In R. Mangold, P. Vorderer & G. Bente (Hrsg.), *Lehrbuch der Medienpsychologie* (S. 251–270). Göttingen: Hogrefe.

Bell, R. Q. (1953). Convergence: An accelerated longitudinal approach. *Child Development, 24,* 145–152.

Beller, S. (2008). *Empirisch forschen lernen: Konzepte, Methoden, Fallbeispiele, Tipps* (2. Aufl.). Bern: Huber.

Bente, G. (2004). Erfassung und Analyse des Blickverhaltens. In R. Mangold, P. Vorderer & G. Bente (Hrsg.), *Lehrbuch der Medienpsychologie* (S. 297–324). Göttingen: Hogrefe.

Berk, L. E. (2005). *Entwicklungspsychologie* (3. Aufl.). München: Pearson Studium.

Bonett, D. G. (1982). On post-hoc blocking. *Educational and Psychological Measurement, 42,* 35–39.

Bortz, J. (2005). *Statistik für Human- und Sozialwissenschaftler* (6. Aufl.). Berlin: Springer.

Bortz, J., & Döring, N. (2006). *Forschungsmethoden und Evaluation: für Human- und Sozialwissenschaftler* (4. Aufl.). Berlin: Springer.

Brickenkamp, R. (2002). *d2 Aufmerksamkeits-Belastungs-Test* (9. Aufl.). Göttingen: Hogrefe.

Bühl, A. (2008). *SPSS Version 16: Einführung in die moderne Datenanalyse* (11. Aufl.). München: Pearson Studium.

Butterworth, B., Zorzi, M., Girelli, L., & Jonckheere, A. R. (2001). Storage and retrieval of addition facts: The role of number comparison. *Quarterly Journal of Experimental Psychology, 54A,* 1005–1029.

Campbell, D. T., & Fiske, D. W. (1959). Convergent and discriminant validation by the Multitrait-Multimethod Matrix. *Psychological Bulletin, 103*, 276–279.

Cattell, R. B., Weiß, R. H., & Osterland, J. (1997). *Grundintelligenztest Skala 1 (CFT 1)* (5. Aufl.). Braunschweig: Westermann.

Cohen, J. (1977). *Statistical power analysis for the behavioral sciences.* New York: Free Press.

Cohen, J. (1983). The cost of dichotomization. *Applied Psychological Measurement, 7*, 249–253.

Cohen, J. (1988). *Statistical power analysis for the behavioral sciences* (2. Aufl.). Hillsdale, NJ: Erlbaum.

Cronbach, L. J. (1951). Coefficient alpha and the internal structure of tests. *Psychometrika, 16*, 297–334.

Dehaene, S., & Mehler, J. (1992). Cross-linguistic regularities in the frequency of number words. *Cognition, 43*, 1–29.

Dubben, H.-H., & Beck-Bornholdt, H.-P. (2006). *Der Hund, der Eier legt. Erkennen von Fehlinformation durch Querdenken.* Reinbek bei Hamburg: Rowohlt Taschenbuch Verlag.

Duchowski, A. T. (2002). A breadth-first survey of eye-tracking applications. *Behavior Research Methods, Instruments & Computers, 34*, 455–470.

Duchowski, A. T. (2007). *Eye Tracking Methodology: Theory and Practice* (2. Aufl.). Berlin: Springer.

Galley, N. (2001). Physiologische Grundlagen, Meßmethoden und Indikatorfunktion der okulomotorischen Aktivität. In F. Rösler (Hg.), *Grundlagen und Methoden der Psychophysiologie* (S. 237–316). Göttingen: Hogrefe.

Göritz, A. S., Reinhold, N., & Batinic, B. (2000). Marktforschung mit Online-Panels: State of the Art. *Planung und Analyse, 3*, 362–367.

Hartig, J., Frey, A., & Jude, N. (2007). Validität. In H. Moosbrugger & A. Kelava (Hrsg.), *Testtheorie und Fragebogenkonstruktion* (S. 136–163). Heidelberg: Springer.

Holm, S. (1979). A simple sequentially rejective multiple test procedure. *Scandinavian Journal of Statistics, 6*, 65–70.

Hoppe-Graff, S. (1998). Tagebücher, Gespräche und Erzählungen: Zugänge zum Verstehen von Kindern und Jugendlichen. In H. Keller (Hg.), *Lehrbuch Entwicklungspsychologie* (S. 261–294). Bern: Huber.

Hutchinson, P. T. (2003). Dichotomization and manipulation of numbers. *Canadian Journal of Psychiatry, 48*, 429–430.

Irwin, J. R., & McClelland, G. H. (2002). Negative consequences of dichotomizing continuous predictor variables. *Journal of Marketing Research, 40*, 366–371.

Kandel, E. R., Schwartz, J. H., & Jessell, T. M. (Hrsg.). (1995). *Neurowissenschaften. Eine Einführung*. Heidelberg: Spektrum Akademischer Verlag.

Kaplan, G. B., Şengör, N. S., Gürvit, H., Genç, İ., & Güzeliş, C. (2006). A composite neural network model for perseveration and distractibility in the Wisconsin card sorting test. *Neural Networks, 19*, 375–387.

Lautenbacher, S. (2009). Der »kleine« Unterschied beim Schmerz. In S. Lautenbacher, O. Güntürkün & M. Hausmann (Hrsg.), *Gehirn und Geschlecht: Neurowissenschaft des kleinen Unterschieds zwischen Mann und Frau* (S. 199–208). Berlin: Springer.

Levine, F. M., & De Simone, L. L. (1991). The effects of experimenter gender on pain report in male and female subjects. *Pain, 44*, 69–72.

Lienert, G. A., & Raatz, U. (1998). *Testaufbau und Testanalyse* (6. Aufl.). Weinheim: Beltz Psychologie Verlags Union.

Lilienfeld, S. O., Wood, J. M., & Garb, H. N. (2001). What's wrong with this picture? *Scientific American, 284*, 80.

Linn, M. C., & Petersen, A. C. (1985). Emergence and characterization of sex differences in spatial ability: A meta-analysis. *Child Development, 56*, 1479–1498.

Lohaus, A. (1989). *Datenerhebung in der Entwicklungspsychologie: Problemstellungen und Forschungsperspektiven*. Bern: Huber.

Lohaus, A. (2007). Datenerhebung. In M. Hasselhorn & W. Schneider (Hrsg.), *Handbuch der Entwicklungspsychologie* (S. 625–634). Göttingen: Hogrefe.

Lohninger, H. (2008). Grundlagen der Statistik. Abgerufen am 9. Januar, 2008, von der Webseite http://www.statistics4u.info/fundstat_germ/

Martinson, B. C., Anderson, M. S., & de Vries, R. (2005). Scientists behaving badly. *Nature, 435*, 737–738.

Masters, M. S., & Sanders, B. (1993). Is the gender difference in mental rotation disappearing? *Behavior Genetics, 23*, 337–341.

McNeish, D. (2018). Thanks coefficient alpha, we'll take it from here. *Psychological Methods, 23*, 412–433.

Milgram, S. (1982). *Das Milgram-Experiment. Zur Gehorsamsbereitschaft gegenüber Autorität*. (16. Aufl.). Reinbek bei Hamburg: rororo.

Montada, L. (2008). Fragen, Konzepte, Perspektiven. In R. Oerter & L. Montada (Hrsg.), *Entwicklungspsychologie* (6. Aufl., S. 3–48). Weinheim: Psychologie Verlags Union.

Moosbrugger, H. (2002). *Lineare Modelle: Regressions- und Varianzanalysen* (3. Aufl.). Bern: Huber.

Moosbrugger, H., & Höfling, V. (2007). Standards für psychologisches Testen. In H. Moosbrugger & A. Kelava (Hrsg.), *Testtheorie und Fragebogenkonstruktion* (S. 193–212). Heidelberg: Springer.

Moosbrugger, H., & Kelava, A. (2007). Qualitätsanforderungen an einen psychologischen Test (Testgütekriterien). In H. Moosbrugger & A. Kelava (Hrsg.), *Testtheorie und Fragebogenkonstruktion* (S. 7–26). Heidelberg: Springer.

Moreno, J. L. (1951). *Sociometry, experimental method and the science of society.* Oxford, England: Beacon House, Inc.

Perlman, S. B., & Pelphrey, K. A. (2010). Regulatory brain development: Balancing emotion and cognition. *Social Neuroscience, 5,* 533–542.

Petermann, F., & Petermann, U. (Hrsg.). (2007). *Hamburg-Wechsler-Intelligenztest für Kinder-IV.* Bern: Huber.

Petermann, F., & Rudinger, G. (2002). Quantitative und qualitative Methoden der Entwicklungspsychologie. In Oerter & L. Montada (Hrsg.), *Entwicklungspsychologie* (5. Aufl., S. 999–1028). Weinheim: Beltz PVU.

Petermann, F., Stein, I. A., & Macha, T. (2008). *Entwicklungstest ET 6-6* (3. Aufl.). München: Pearson.

Peugh, J. L., & Enders, C. K. (2004). Missing data in educational research: A review of reporting practices and suggestions for improvement. *Review of Educational Research, 74,* 525–556.

Popper, K. R. (1996). *Alles Leben ist Problemlösen: über Erkenntnis, Geschichte und Politik.* München: Piper.

Rennen-Allhoff, B., & Allhoff, P. (1987). *Entwicklungstests für das Säuglings-, Kleinkind- und Vorschulalter.* Berlin: Springer.

Rey, G. D. (2009). *E-Learning. Theorien, Gestaltungsempfehlungen und Forschung.* Bern: Huber.

Rey, G. D., & Wender, K. F. (2010). *Neuronale Netze. Eine Einführung in die Grundlagen, Anwendungen und Datenauswertung* (2. Aufl.). Bern: Huber.

Rietz, C., & Rudinger, G. (2007). Analyse von Längsschnittdaten. In M. Hasselhorn & W. Schneider (Hrsg.), *Handbuch der Entwicklungspsychologie* (S. 635–645). Göttingen: Hogrefe.

Rost, D. H. (2005). *Interpretation und Bewertung pädagogisch-psychologischer Studien.* Weinheim: Beltz UTB.

Royston, P., Altman, D. G., & Sauerbrei, W. (2006). Dichotomizing continuous predictors in multiple regression: A bad idea. *Statistics in Medicine, 25,* 127–141.

Rudinger, G., & Rietz, C. (2006). Spezifische methodische Probleme und Möglichkeiten der Entwicklungspsychologie. In F. Wilkening & W. Schneider (Hrsg.), *Theorien, Modelle und Methoden der Entwicklungspsychologie, Enzyklopädie der Psychologie, Themenbereich C Theorie und Forschung* (Bd. 1, S. 741–791). Göttingen: Hogrefe.

Rustenbach, S. J. (2003). *Metaanalyse: Eine anwendungsorientierte Einführung.* Bern: Huber.

Saal, F. E., & Landy, F. J. (1977). The mixed standard rating scale: An evaluation. *Organizational Behavior and Human Performance, 18*, 19–35.

Sarris, V., & Reiß, S. (2005). *Kurzer Leitfaden der Experimentalpsychologie.* München: Pearson Studium.

Schaie, K. W. (1965). A general model for the study of developmental problems. *Psychological Bulletin, 64*, 92–107.

Schaie, K. W. (1986). Beyond calendar definitions of age, time, and cohort: The general developmental model revisited. *Developmental Review, 6*, 252–277.

Schaie, K. W., & Baltes, P. B. (1975). On sequential strategies in developmental research and the Schaie-Baltes controversy: Description or explanation? *Human Development, 18*, 384–390.

Schermelleh-Engel, K., & Werner, C. (2007). Methoden der Reliabilitätsbestimmung. In H. Moosbrugger & A. Kelava (Hrsg.), *Testtheorie und Fragebogenkonstruktion* (S. 114–133). Heidelberg: Springer.

Schmitt, N. (1996). Uses and abuses of coefficient alpha. *Psychological Assessment, 8*, 350–353.

Schneider, W., Blanke, I., Faust, V., & Küspert, P. (2011). *WLLP-R. Würzburger Leise Leseprobe – Revision. Ein Gruppentest für die Grundschule.* Göttingen: Hogrefe.

Schnotz, W. (1994). Wissenserwerb mit logischen Bildern. In B. Weidenmann (Hg.), *Wissenserwerb mit Bildern* (S. 95–147). Bern: Huber.

Schölmerich, A., & Weßels, H. (1998). Beobachtungsmethoden und Auswertungsverfahren in der Entwicklungspsychologie. In H. Keller (Hg.), *Lehrbuch Entwicklungspsychologie* (S. 243–260). Bern: Huber.

Schumann, H., & Müller, W. (2000). *Visualisierung: Grundlagen und allgemeine Methoden.* Berlin: Springer.

Trautner, H. M. (1997). *Lehrbuch der Entwicklungspsychologie* (2. Aufl.). Göttingen: Hogrefe.

Tufte, E. R. (2001). *The visual display of quantitative information.* Cheshire, Connecticut: Graphics Press.

Vadillo, M. A., & Matute, H. (2009). Learning in virtual environments: Some discrepancies between laboratory- and Internet-based research on associative learning. *Computers in Human Behavior, 25*, 402–406.

Van Gog, T., Kester, L., Nievelstein, F., Giesbers, B., & Paas, F. (2009). Uncovering cognitive processes: Different techniques that can contribute to cognitive load research and instruction. *Computers in Human Behavior, 25*, 325–331.

Verguts, T., & Fias, W. (2004). Representation of number in animals and humans: A neural model. *Journal of Cognitive Neuroscience, 16*, 1493–1504.

Verguts, T., Fias, W., & Stevens, M. (2005). A model of exact small-number representation. *Psychonomic Bulletin & Review, 12*, 66–80.

Weber, R. (2001). Datenanalyse mittels Neuronaler Netze am Beispiel des Publikumserfolgs von Spielfilmen. *Zeitschrift für Medienpsychologie, 13*, 164–176.

Wender, K. F. (1992). Computersimulation als eine Methode der Psychologie. In A. B. Cremers, R. Haberbeck, J. Seetzen & I. Wachsmut (Hrsg.), *Künstliche Intelligenz – Leitvorstellungen und Verantwortbarkeit. Verein Deutscher Ingenieure, Report 17* (S. 94–104).

Zimbardo, P. G., & Gerrig, R. J. (2004). *Psychologie. Eine Einführung* (16. Aufl.). München: Pearson Studium.

Sachverzeichnis